Storis
GRAV

I Mari, Manon a Gwenan

Storis
GRAV

RHYS MEIRION
(GOL.)

Argraffiad cyntaf: 2018

© Hawlfraint Rhys Meirion, y cyfranwyr a'r Lolfa Cyf., 2018

Dymuna'r cyhoeddwyr gydnabod cymorth ariannol
Cyngor Llyfrau Cymru

Llun y clawr: *South Wales Evening Post*
Cynllun y clawr: Y Lolfa

Diolch i'r canlynol am y lluniau: BBC, Media Wales, Emyr Wyn,
Roy Noble, Phil Bennett, Huw Llywelyn Davies, Dafydd Hywel,
Carolyn Hitt a Mari Gravell.

Rhif Llyfr Rhyngwladol: 978 1 78461 633 5

Cyhoeddwyd, rhwymwyd ac argraffwyd yng Nghymru gan
Y Lolfa Cyf., Talybont, Ceredigion SY24 5HE
gwefan www.ylolfa.com
e-bost ylolfa@ylolfa.com
ffôn 01970 832 304
ffacs 832 782

Cofio Grav

Grav oedd Grav, dyna'i gryfder, 'Odw i'n iawn?'
   Dyna oedd ei bryder;
  Ond daw sŵn, medd Duw o'i sêr,
  Grav o hyd, Grav a'i hyder.

Aneirin Karadog

Cynnwys

Sylwebyddion

Cynhyrchwyr

Actorion a Gohebwyr

Rhagair
Rhys Meirion

Heb os nac oni bai, un o gymeriadau mwyaf Cymru erioed, a fe fydd un o'r mwyaf yn y dyfodol hefyd, yw'r enigma o Fynydd y Garreg, Ray Gravell. Mae'n ddyn sydd wedi cyffwrdd pob un a gafodd y fraint o'i gyfarfod, gyda'i gyffro diniwed a'i ddiddordeb didwyll gan wneud i bawb fu yn ei gwmni deimlo'n llawer gwell.

Er bod dros 10 mlynedd bellach ers i Ray ein gadael, dwi wedi sylwi ei fod yn dal yn destun sgwrs wrth i fi gyfarfod â phobol ledled Cymru. Ac wrth sgwrsio amdano gyda hwn a'r llall, yn ddi-ffael bydd gan bawb 'Stori Grav'. Rhai yn creu chwerthin, rhai yn ein gwneud i edmygu'r dyn hyd yn oed yn fwy nag oedden ni'n ei wneud yn barod, a rhai yn dod â lwmp i'r gwddf hefyd.

Fe ges i'r fraint o gyfarfod â Ray ryw hanner dwsin o weithiau. Y tro cyntaf i fi ei gyfarfod oedd yn yr Eisteddfod Genedlaethol yn 2000 neu 2001. Ro'n i yn swyddfeydd y BBC ac fe welodd Ray fi. Fe orffennodd y sgwrs roedd o'n ei chanol gyda rhywun arall yn sydyn iawn, a gwneud B line amdanaf i ac wrth nesáu dyma'r fraich allan i ysgwyd llaw. Gwnaeth hynny mor frwdfrydig nes ro'n i'n meddwl y byddai fy mraich yn dod yn rhydd o'r ysgwydd.

'Ew, ma llais 'da ti, anhygoel!' Troi at bobl wrth ymyl

wedyn i ddweud, "Ma chi lais, what a voice, tip top, tip top,' gan ddal i ysgwyd fy llaw. Ac yna fe ddaeth y frawddeg wna i byth anghofio, 'Byddwn i'n fodlon rhoi fy nghapiau i Gymru a'r Llewod i gyd i gael llais fel ti.' Pe bai o ond yn gwybod cymaint o arwr roedd o i fi a finna wedi dilyn rygbi ers o'n i'n blentyn. O'n i'n teimlo'n ddeg troedfedd o daldra, yn wir fe wnaeth i fi deimlo'n 'special' ac anghofia i byth y teimlad hwnnw.

Dwi'n cofio mynd i Glwb Rygbi Yr Wyddgrug lle'r oedd Ray yn siarad mewn cinio fel rhan o flwyddyn dysteb Robin McBryde. Roedd y lle yn llawn, Ray ar ei orau a'r gynulleidfa'n gwrando'n astud arno. Gallai Ray bontio'r doniol a'r dwys ac roedd pobl yn chwerthin o'u boliau ar yr hanesion doniol ac yna fe fyddech chi'n gallu clywed pin yn disgyn pan oedd ganddo hanes mwy teimladwy neu ysbrydoledig i'w adrodd. Ar ddiwedd un stori, fe welais i o'n edrych arna i a dyma fo i ffwrdd:

'I see that Rhys Meirion is here, what a voice. He's got a beautiful tenor voice, he's young, good looking with a mop of dark hair, he's handsome (erbyn hyn roeddwn i'n gymysg o falchder ac embaras ynghanol yr holl ganmoliaeth) he's handsome and when he sings those high notes the men cry and the women get so excited...... BASTARD!'

Wel roedd 'na chwerthin a thra oedd pawb yn chwerthin cododd Ray ei law arna i mewn ymddiheuriad cyn gwenu'n ddireidus.

Oes, mae 'na lu o 'Storis Grav' i'w cael, rhai ohonynt yn wybyddus i bawb gan eu bod yn cael eu hailadrodd gan

siaradwyr cyhoeddus yn aml ac wedi eu cofnodi mewn
hunangofiannau ac ati. Ond o dreulio amser yng nghwmni
ffrindiau a chydweithwyr i Ray, mae wedi dod yn hollol
amlwg i fi fod yna gannoedd o 'Storïau Grav', rhai yn
ddoniol, rhai yn dangos ei wrhydri, ei ddiffuantrwydd a'i

11

garedigrwydd, a rhai yn ysbrydoledig hefyd. Gresyn mawr fyddai i'r hanesion hyn fynd yn angof ac felly cefais y syniad o geisio hel cymaint â phosib o 'Storis Grav' a'u cynnwys mewn llyfryn gan sicrhau y byddant ar gof a chadw am byth.

Roedd yn ddyn unigryw iawn. Fydd 'na byth Ray Gravell arall.

Cyd-ddisgybl ysgol

Adrian Howells

Atgofion melys o'n dyddiau fel cyd-ddisgyblion yn Ysgol Ramadeg y Bechgyn, Caerfyrddin, rhwng 1963 a 1968 sydd 'da fi.

Dechreues i yn 1963 a Ray flwyddyn yn ddiweddarach, wedi iddo basio'r 13+, fel ro'dd e'r adeg hynny, o Ysgol Fodern Porth Tywyn. Ac ma rhaid dweud, o'r diwrnod cynta ro'dd e fel corwynt. Nid plentyn academaidd mohono, ond un yn llawn brwdfrydedd am rygbi, dros yr iaith Gymraeg ac yn enwedig Owain Glyndŵr, ei arwr.

Nawr un broses bwysig iawn ar y diwrnod cynta yn yr ysgol oedd cael gwbod pa dŷ o'ch chi'n perthyn iddo. Naill ai Arthur yn y glas, Glyndŵr yn y coch, Myrddin yn y gwyn neu Llywelyn yn y du. Roedd hyn i gyd yn dibynnu ar lythyren gynta'r cyfenw. O'n i yn Arthur, a dwi'n credu mai yno y dyle Ray fod hefyd, ond wedi cyfarfod byr gyda'r athro oedd yn gyfrifol am y dosbarthu, na'th Ray lwyddo sicrhau ei fod yn nhŷ Glyndŵr. Ond nid jyst mynd i mewn i dŷ Glyndŵr wnaeth e, ond cael ei benodi'n gapten hefyd. Aeth cwpanau rygbi ac athletau ein blwyddyn ni am y bum mlynedd nesa i gyd i dŷ Glyndŵr, wrth gwrs. Do'dd dim gobaith gyda ni pan fydde Owain Glyndŵr ei hunan yn ein hwynebu ni ar y cae chwaraeon.

Sdim angen dweud bod Ray yn chwaraewr rygbi ac athletwr o flaen ei amser, hyd yn oed yn y dyddiau hynny. Gwnaeth gynrychioli ysgolion Sir Gâr o dan 16 flwyddyn yn gynnar ac wedyn roedd yn gapten ar y tîm yn yr ail flwyddyn, Ray yn fewnwr a Roy Bergiers yn faswr.

Fy mhrif 'claim to fame' i yn fy ngyrfa rygbi yw fy mod wedi chwarae yn yr un tîm, am dymor cyfan, gyda Ray Gravell a Roy Bergiers. Tîm cyntaf Ysgol Ramadeg y Bechgyn Caerfyrddin, 1968-69. Mewnwr oedd Grav y dyddiau hynny, roedd Roy yn chwarae fel canolwr, a finnau ar yr asgell pan o'n i yn y chweched. Roedd hi'n dymor hynod lwyddiannus gyda'r Gram yn trechu pawb: Ysgolion Gramadeg Llanelli, Castell-nedd, Tre-gŵyr, Hendy-gwyn, yn ogystal â Choleg Llanymddyfri. Ar ddiwedd y tymor, ethon ni ar daith i'r Wirral, gan chwarae dwy gêm a churo Ysgol Ramadeg Wallasey cyn symud ymlaen am y gêm ola yn erbyn Ysgol Birkenhead Park. Prifathro Birkenhead Park oedd John Gwilliam, capten tîm Cymru pan enillon nhw'r Gamp Lawn yn 1950 a 1952, ac roedd hefyd yn aelod o dîm Cymru y tro olaf iddyn nhw guro'r Crysau Duon yn 1953. Fe chwaraeodd John Gwilliam i Gymru 23 o weithiau a buodd yn gapten 11 o weithiau.

Wel, hon oedd y gêm bwysica yn ein bywyd i ni – mwy neu lai gêm ryngwladol rhwng y tîm gorau yng Nghymru yn erbyn un o ysgolion annibynnol mwya Lloegr, o flaen y dorf fwya ro'n ni wedi ei chael. Dwi'n cofio cyrraedd ar y bws a'r tîm i gyd yn cael araith gan y capten, Phil Thomas, a'r athro, Elwyn Roberts, am bwysigrwydd y gêm, ond Ray oedd yr ysbrydoliaeth.

'This is an international boys, this is England against Wales. They are not thinking about whether they are going to beat us but by how much they are going to win,' oedd un floedd angerddol ganddo. Mynnodd ein bod ni'n canu 'Calon Lân' mor uchel â phosib yn yr ystafell newid cyn mynd mas i'r cae. Na'th bechgyn Birkenhead ymateb mewn ysbryd da gyda chân eu hunain, ond wna i ddim datgelu beth oedd gan Ray i'w ddweud am hynny!

Weda i ddim mwy am y gêm, jyst nethon ni golli 25 - 0, a chapten Birkenhead Park, John Howard, sgoriodd yr holl bwyntiau. Does dim eisie dweud doedd Ray ddim yn hapus. Ond wedi i ni i gyd longyfarch ein gwrthwynebwyr a chyfaddde taw nhw oedd y tîm gorau ar y dydd, daeth gwahoddiad cwbl annisgwyl i Ray. Roedd John Gwilliam, prifathro Birkenhead, wedi gofyn a fydde Ray yn fodlon eistedd wrth ei ymyl yn y cinio. Cyn-gapten Cymru, aelod o dîm Cymru a drechodd y Crysau Duon ac un o fawrion rygbi Cymru wedi gofyn am gwmni crwt ysgol ifanc i drafod y gêm. Anhygoel.

Un atgof bach arall. Yn y flwyddyn 1967 a blwyddyn cyn arholiadau Lefel O, gwnaeth Ray, finnau, a phum disgybl arall greu hanes yn yr ysgol wrth fod y disgyblion cyntaf yn nosbarth 5X. Dosbarth ydoedd â'r nod o geisio ein cael ni i ddysgu rhywfaint o fathemateg. Ond galla i ddweud â'm llaw ar fy nghalon i'r arbrawf fod yn hollol aflwyddiannus. Yr athro i wynebu'r sialens oedd Mr Llewellyn o Dre-gŵyr. Roedd wedi chwarae fel canolwr i Gastell-nedd yn y 50au ac wedi chwarae yn erbyn Lewis Jones. Nethon ni ddarganfod hyn yn un o'r gwersi cynnar, diolch i Ray am ofyn y cwestiwn iddo, 'Did you ever play against Lewis Jones, sir?' Ac fel 'na buodd hi, bydde pob gwers yn cychwyn gyda sgwrs yn ymwneud â rygbi, cyn i Mr Llewellyn gael digon un diwrnod a rhoi darlith hir i ni ar bwysigrwydd addysg. 'Chewch chi ddim llwyddiant mewn bywyd wrth ganolbwyntio ar rygbi yn unig,' fi'n ei glywed e'n dweud nawr wrthon ni. Yna, buodd yn rhaid i ni i gyd sefyll ar ein traed yn ein tro a dweud beth oedd ein huchelgais mewn bywyd. Yn ein plith ro'dd 'na un dyn tân, sawl ffermwr ac ro'n i am fod yn newyddiadurwr. Pan ddaeth tro Grav ro'dd i ateb e'n eitha syml. 'To play rugby for Wales, sir.' Ac ma'r gweddill yn hanes.

Roedd cyfraniad Ray i Ysgol Ramadeg y Bechgyn Caerfyrddin yn anfesuradwy. Mae'n wir dweud, cafodd ddylanwad ar bob athro a disgybl tra bu yno. Bydde fe mor browd yn dweud pa athro neu gyn-ddisgybl oedd wedi dymuno lwc dda iddo cyn pob gêm fawr a chwaraeodd, a byddai'n canmol yn arbennig yr athrawon a wnaeth ymdrech i gysylltu ag ef.

Rai blynyddoedd yn ôl, fe wnes i ddod ar draws gwefan ar hanes yr ysgol a dyma roedd yn ei ddweud:

Carmarthen Grammar School was a selective secondary school built in 1576. Among its distinguished former pupils are educationalist Griffith Jones, Methodist leader and Bible

publisher Peter Williams, senior Admiralty civil servant Sir
Walter David Jenkins, the clergyman James Rice Buckley,
and rugby player Ray Gravell.

Mewn 400 mlynedd o hanes roedd Ray Gravell ymhlith
pum cyn-ddisgybl mwya adnabyddus Gram Caerfyrddin.

Chwaraewyr Rygbi

Clive Rowlands

Wel, dwi'n cofio cap cynta Grav. Ma'n rhaid i fi ddweud mai fi o'dd cadeirydd y dewiswyr ar y pryd, a chafodd Grav ei gap cynta mas yn Paris. Nawr te, 'na beth o'dd dechreuad i benwythnos. O'n i'n dechre meddwl, beth sydd 'da fi yn fan hyn, wrth i glywed e'n canu caneuon Cymraeg drwy'r amser. Fi'n cofio'r bore dydd Sadwrn hwnnw, 'ma fi'n mynd lawr i frecwast a man 'na o'dd e. O, o'dd e'n edrych fel 'i fod e'n barod am y gêm amser brecwast! Achos dyna'r teip o berson o'dd e, o'dd e'n galon i gyd, ond o'dd pen rygbi da ar y diawl 'da fe hefyd. Ond be dwi'n cofio yn fwy na dim byd, iddo fe ganu caneuon Dafydd Iwan ar y bws bob cam hyd nes cyrhaeddon ni'r stadiwm. Wedyn yn y stadiwm, y bois i gyd yn derbyn telegrams o Gymru ac o bobman. Ond y bachan gafodd y rhan fwya o'r telegrams o'dd Grav. O'dd mwy o delegrams 'da Grav nag o'dd gan weddill y tîm gyda'i gilydd! Ac yn sydyn dyma sgrech, 'O, disgw'l, ma un man hyn o'wrth Gwynfor Ifans. O, ma hon, ma hon yn fwy pwysig byth, o'wrth Twdls y gath!' Ac o'dd e bron yn llefen erbyn hynny. Do'dd bois Pont-y-pŵl ddim wedi gweld shwt beth eriod! So es i â fe mewn i stafell fach y shower fan 'ny, er mwyn paratoi at y gêm. O, o'dd e'n barod am y gêm ti'n gwbod, yn ysu amdani. A gath e gêm arbennig hefyd, mae'n rhaid i fi ddweud. Ond Grav o'dd Grav, wrth ei fodd yn canu caneuon Cymraeg nerth ei ben, ac ro'dd llais bach net 'da fe 'fyd, ma'n rhaid fi ddweud.

O'n i wedi bod yn ddigon lwcus o fynd ar tour gyda fe mas i Awstralia yn 1978 gyda tîm Cymru. Creda fi, fe ddysgis i fwy am bopeth gyda Grav ar y tour 'ny. Ond un peth bydda i'n gofio, yn Awstralia, cyn y gemau bydde'r Maer, wedwn ni Maer Sydney, moyn cwrdd â'r ddau dîm, er mwyn siglo llaw 'da nhw. Wedyn bydde Maer Brisbane moyn siglo llaw. So, bydde'n rhaid i fi, fel rheolwr, fynd â nhw rownd y tîm a dweud pwy oedden nhw. So cyflwynais i Derek Quinnell, 'Derek Quinnell', ac ynte'n ateb 'How are you? Nice to meet you,' bla bla bla. Yna dyma fi'n dod at Grav a bob tro ei gyfarchiad e fydde, 'Shwt y'ch chi heddi 'te?' A bydde'r Maer yn gofyn, 'What did he say?' a finne'n gorfod dweud bob tro, 'How are you today?' O gêm i gêm hynny fydde fe'n ddweud. A fi'n holi, 'Grav, pam ti'n neud 'na bob tro?' Ateb Grav o'dd, 'Ma'n rhaid i ti ddeall un peth, 'sa Ffrainc yn whare fan hyn nawr, a Jean Pierre Rives yn siarad â hwnna, ti'n meddwl y bydde fe'n siarad â nhw yn Saesneg? Na fydde, bydde fe'n siarad â nhw yn Ffrangeg, a fe fydda i'n siarad â nhw i gyd yn Gymraeg 'fyd bob tro. Os na fyddan nhw'n deall fi, ma hi lan iddyn nhw.'

Ro'dd 'na'n gweithio iddo fe ti'n gweld. Ro'dd e'n bart o'i fywyd e, yn ei baratoi at y gêm ei hunan. Mae beth mae pob chwaraewr yn ei wneud cyn gêm yn hollol wahanol, ond ro'dd Grav yn unigryw, o'dd ffordd arbennig iawn gyda fe, o't ti bron yn gweld ei galon e'n symud. O'dd e mor daer! Fi'n credu iddo fwrw rhywun cyn iddo fe fynd mas ar y cae unwaith! Y gêm gynta 'na yn erbyn Ffrainc, falle. A gath e gêm arbennig a Cymru yn ennill. Beth ellwch chi ofyn yn fwy i chwaraewr na'i fod yn rhoi popeth sydd gyda fe o'r foment bydd e'n gadel Cymru, tan ddiwedd y gêm mas yn Ffrainc yn erbyn tîm Jacques Fouroux. I goroni pob dim, enillodd Cymru ac enillodd Grav ei gap cynta.

Ond dwi'n meddwl hefyd... ro'dd e'n ffrind da i fi, o'n i'n galler siarad â'n gilydd yn ddigon rhwydd, heb ddala dim byd yn ôl. Y ddou ohonon ni'n gweud beth o'dd ar ein meddwl ni a gweud yn straight 'fyd. Ro'dd e'n fachan mor ffein. Bydde fe'n ffono fi lan bron bob dydd ar ôl ei raglen radio *O'r Gorllewin*, 'Sut o'dd 'yn llais i heddi?'

'Yr un peth ag o'dd e ddoe!' o'n i'n dweud wrtho fe fel ateb.

'O reit, reit, reit, o'dd rhaid i fi sieco lan 'da ti.'

Gath Ceri Wyn Jones, y prifardd, a fe waraeodd e yn y canol i Ysgolion Uwchradd Cymru fel canolwr, yr un peth â Grav. Ond ysgrifennodd e bennill, a dwi'n amal yn ei ddarllen e, a dwi'n hoff iawn ohono:

Pan fo'r glaw yn curo'n drwm
A rhaglenni'n radio'n llwm,
Yr un gân i'n cais ni i gyd,
O na byddai'n Grav o hyd.

Fi'n cofio J J Williams yn sgorio tri cais mewn un gêm yn erbyn Awstralia. Pwy o'dd tu fewn iddo fe, o'dd Grav. Ei gryfder e fel chwaraewr oedd ei gryfder mewn ffordd. Dim yn unig cryfder corff, cofiwch, ond cryfder meddwl hefyd. O'dd hi'n dda fel bydde fe'n paratoi ei hunan cyn gêm, er na fydde hynny'n dda i ddim byd i fi wrth baratoi. Ond o'dd sgiliau da gyda fe fel chwaraewr rygbi hefyd. Be mae pobol yn ei anghofio, pan o'dd e'n chwarae yn yr ysgol, chwarae fel mewnwr fydde fe, felly ro'dd y sgilie 'da fe felly! O'dd pawb yn meddwl mai chwaraewr i greu 'crash ball' o'dd e. Na, ro'dd llawer mwy iddo fe na hynny. Er ei fod e'n gallu neud 'crash ball' yn well na neb arall. Dwi'n cofio rhywun yn dwcud ryw dro, 'Grav loves *soft centres'*. Ond roedd llawer mwy i'w gêm e. Roedd Grav a Roy Bergiers cyn gystled pâr o ganolwyr ag a gelech chi yn y cyfnod hwnnw.

Gerald Davies

O'n i'n gwbod am Ray gan nad oedd Mynydd y Garreg ond rhyw ddwy filltir o ble ro'n i'n byw, ym mhentre Llan-saint. Er ein bod ni'n byw yn weddol agos at ein gilydd, eto alla i ddim dweud fy mod i'n ei nabod e o gwbwl pan o'dd e'n grwt ifanc, ddim yn wir nes da'th e mewn i dîm Cymru. Pan ddechreuodd chwarae dros Gymru, ro'dd tri ohonon ni, Roy Bergiers, Ray a finne o'r un ysgol, Ysgol Ramadeg y Bechgyn Caerfyrddin. 'Na pryd y des i i'w nabod e'n dda.

Ma' pobol yn teimlo ei fod e'n fachan nerfus iawn, ond

o'n i ddim yn cael y teimlad 'na pryd hynny pan o'n ni i gyd yn yr ystafell newid. O'dd e'n llawn bywyd ac yn llawn hwyl trwy'r amser. Y peth cynta wi'n cofio amdano fe, fel pawb arall, o'dd ei fod e'n canu. Yn yr ystafell newid a hefyd yn y showers ac yn y showers ro'dd 'na eco mawr, a hynny'n ychwanegu at lais uchel Ray. Y pryd 'ny, y gân ro'dd e'n hoff o'i chanu cyn mynd mas ar y cae o'dd 'Carlo':

Carlo yn chware polo heddi,
Carlo, Carlo yn chware polo gyda dadi...

Gan ei fod e'n llawn ysbryd ac yn llawn hwyl a sbri, do'n i byth yn teimlo ei fod e'n nerfus, na'i fod e'n becso am y gêm, ro'n i'n teimlo trwy'r amser ei fod e'n moyn mynd mas ac yn ysu am chware. Caneuon Dafydd Iwan bydde fe'n eu canu a 'Carlo' oedd y gynta dwi'n ei chofio. Yn y blynydde wedyn y gân ro'dd e mor hoff o'i chanu o'dd, 'Da ni Yma o Hyd', a hon yw anthem fawr y Sgarlets yn Parc y Sgarlets erbyn hyn.

Pan fydde fe ar y cae pryd 'ny, rwy'n cofio bydde rhywbeth yn ei fecso fe drwy'r amser a hynny fel arfer ynglŷn â'i iechyd. Ro'dd ei iechyd yn rhywbeth pwysig, yn wir yn obsesiwn bron ganddo fe. Byddai'n gofidio hefyd am safon ei berfformiad ar y cae. Rwy'n cofio fe unwaith, a ninnau mas ar y cae yn chware gêm fawr dros Gymru yn erbyn un o'r timau rhyngwladol eraill, a'r gêm yn mynd yn dda iawn i dîm Cymru, dyma fe'n troi ata i, gan 'mod i ar yr asgell y tu fas iddo fe, ac yn holi, 'Dwi'n neud yn all right, on'd ydw i Gerald? Fi'n ocê, yn ydw i?' Ro'dd e angen cadarnhad drwy'r amser ei fod e'n gwneud yn ocê. 'Y broblem ti'n gweld, Gerald,' medde fe wrtho i wedyn, 'ma'r peswch hyn arna i. Rwy'n credu bod annwyd arna i, a fi'n credu bo fi'n mynd miwn am y ffliw.' Nawr o'dd hyn yn digwydd mas ar y cae, ynghanol gêm bwysig ac o'n i jyst yn dychmygu Bill McLaren yn dweud wrth sylwebu, 'And there's the mighty Ray Gravell, the Viking. The bearded Viking in the Welsh midfield, powerful and strong, the opposition will have to watch out for him today!' Fel 'na byddai Bill McClaren wedi'i weld e. Ond ar y cae dyna lle'r o'dd Ray yn becso bod annwyd arno fe, a'i fod e'n mynd miwn am y ffliw. O'n i'n teimlo bod hynny yn rhan o gymeriad Ray – bod yna wahaniaeth mawr rhwng sut ro'dd pobl, nad o'dd yn ei wir adnabod yn ei weld e, fel Bill McClaren yn tynnu sylw at 'the mighty bearded Viking' fel petai, a'r gwir Ray ar y cae, yn becso am ei annwyd. Er ei fod e'n poeni am ei iechyd a bod pethe fel 'na'n chware ar ei feddwl e trwy'r amser, eto i gyd, pan o'dd y bêl yn ei ddwylo e, diawch, pwy o'dd yn mynd i'w stopio fe? Neu pan fydde'r bêl yn nwylo'i wrthwynebydd, watsh owt! Dyna oedd ei gymeriad, cymeriad addfwyn iawn, agos atoch chi, bachan yn dod 'mlân gyda phawb, a phawb yn gallu dod 'mlân gyda fe.

Roedd y profiad o fod yn angladd Ray yn brofiad arbennig. 'Na'r agosa dw i'n gallu cofio o ddigwyddiad tebyg i State Funeral yng Nghymru. Roedd e'n anhygoel. Y diwrnod 'ny, des i lan yn y car i'r Strade, ac ro'dd pobol ar y strydoedd yn aros yno i dalu parch iddo ac wedi'r seremoni yn y Strade, ro'dd y dre yn llawn. Roedd miloedd o bobl yno ac wedyn ar y ffordd i'r amlosgfa, wel... o'dd y strydoedd yn dal yn ddu gan bobol, rhai hyd yn oed yn sefyll ar y 'roundabouts'! Ro'dd y cyfan yn anhygoel, yn anhygoel!

O'n i'n ei deimlo'n anrhydedd bod John Hefin wedi gofyn i fi siarad yn yr angladd, ac fe wnes i. Beth o'n i'n becso yn fwy na dim, pan fydda i'n gwneud rhywbeth fel hynny, mae adeg yn ystod yr araith fydda i'n dueddol o golli gafael ar yr emosiwn. O'n i'n bendant am osgoi hynny ac wrth draddodi'r deyrnged iddo rown i am edrych ar y geirie heb feddwl gormod beth o'dd eu harwyddocâd, achos 'mod i wedi gwneud yn siŵr wrth eu hysgrifennu bod pob dim yn iawn. Jyst pwysleisio y geiriau eu hunain ac osgoi'r emosiwn ro'dd angen i fi wneud. Ond godes i'n llygad un tro, wrth siarad ac ro'n i'n gwybod lle ro'dd Mari'n eistedd, a dales i lygaid Mari. Pryd hynny teimles i bod yn rhaid i fi reoli fy emosiwn, felly arafes i lawr a chymryd saib am funed, er mwyn rheoli'r emosiwn wedi i fi ddala llygaid Mari, gwraig Ray.

Wna i byth anghofio'r diwrnod 'ny. Fi'n cofio Stuart Gallacher, fe o'dd cadeirydd Llanelli ar y pryd, yn dweud ei bod hi fel roedd hi gyda Princess Diana, gyda pobol yn anfon blodau i'w dodi wrth gatiau y Strade yn y cyfnod wedi i Ray farw. Dywedodd Stuart Gallacher wrtha i wedyn, 'Last week,' medde fe 'd'you know... there was this quite elderly lady who walked up to the gates to put some flowers down, and I had to go and see her, and talk to her, and I said,

'That's very kind of you'

'Oh yes, well, I had to come to show my respects to a wonderful, wonderful man.'

'Where are you from?'

'Oh, Bangor,' medde hi.

'You've come down today?'

'Yes, I've come down, today, I wanted to put some flowers here.'

'Did you know him?'

'No, no, no, I didnt know him. I only listened to him on the radio and watched him on the television, but I didn't know him. I never met him.'

Ro'dd hi wedi teithio lawr, medde Stuart Gallager, o ogledd Cymru, i ddodi blode er cof am Ray Gravell wrth gatiau y Strade. A dwi'n credu bod lot o bobol yn teimlo fel 'na, bod nhw ddim wedi cwrdd â fe, bod nhw ddim wedi siglo llaw 'da fe, ond bod nhw wedi dod i'w nabod e trwy'i gymeriad ar y radio neu ar y teledu.

Roedd Ray yn foi mor addfwyn, a phawb yn teimlo eu bod nhw yn ei nabod e. Waeth 'da pwy ro'dd e'n cwrdda, o'dd e fel 'se fe'n cwrdd â hen ffrind a phawb yn teimlo eu bod nhw mor bwysig wedi iddyn nhw fod yng nghwmni Ray. Ro'dd rhyw ysbryd ffein arbennig ynddo fe, o hyd, fel petai eisie gwybod rhywbeth am y person y bydde fe'n ei gyfarfod. Pwy o'dd e? Beth o'dd e'n neud? Waeth pwy o'dd e, y person y bydde fe'n cwrdd ag e, bob amser, fyddai canolbwynt ei holl sylw.

Gareth Edwards

Wel, y peth amboutu Ray wrth gwrs, ro'dd e'n chwaraewr anferthol o dda, ac ro'dd e'n gawr, ond ro'dd yr ansicrwydd 'ma oedd gyda fe, er do'n i ddim yn rhy siŵr bob amser taw ansicrwydd o'dd e chwaith. Mae'n anodd 'i ddisgrifio fe achos ro'dd e mor hyderus mewn sawl ffordd. Beth o'dd rhaid iddo fe gael yn fwy na dim byd o'dd cysur a chadarnhad ei fod yn haeddu whare dros Gymru. Dwi'm yn meddwl i fod e'n gallu credu i fod e 'na ar y cae yn cynrychioli Cymru, a'i fod e 'na gyda lot o'i arwyr hefyd achos ro'dd e chydig bach yn ifancach na ni.

Yn ystod penwythnos gêm ryngwladol, fe fydden ni'n ymarfer ar ddydd Iau, a bydde Grav yn llawn o'r peth, ond do'dd dim lot o amser gyda ni i baratoi, bydde'n rhaid i ni fwrw yn syth ati i ymarfer at y gêm. Fydde 'da Clive Rowlands na John Dawes wedyn ddim amser i falu awyr, na chware o gwmpas. Yn amal, bydden nhw'n gweiddi, 'Come on now Ray, get on with it!' a hanner yr amser bydde Grav wrthi'n canu a gweiddi 'Ohhh... hei... hup!' Ro'dd e'n donic, er hefyd ro'dd e'n galler blino dyn weithie achos do'dd e byth yn stopo.

Wedyn, cyn gêm, a hyd yn oed yn ystod gêm, bydde fe'n dod ata i a gweud, 'Ti'n lico fi, ond wyt ti Gar? Ti'n hoff ohono i, 'yn wyt ti Gar?' a byddwn i'n ateb, 'Wrth gwrs bo fi, Grav.' 'Ohhhhhh, yes, pop it up Benny, give it here, give it here!' fel sa fe'n ca'l rhyw sort o gryfder ac egni mas o ga'l i gysuro. Dim ond gair bach o'dd isie arno fe, un gair bach, a bydden i'n galler gweld wrth ei wên e, fel ro'dd e'n newid, yn troi, nid yn anghenfil, ond yn tyfu'n fawr ac yn bwerus ar y cae.

Yn y stafell newid cyn gêm, bydde Ray yn mynd rownd yn canu 'Carlo, Carlo, Carlo...' yn enwedig pan o'n ni'n chwarae yn erbyn Lloeger, a dwi'n cofio Gerald Davies yn troi ata i a gwên ar i wyneb. Eistedd 'fan'na, rodden ni'n gwisgo'n sgide, yn paratoi am y gêm yn ein ffordd ein hunan. Byddwn i'n dawel, a falle'n meddwl, fyddwn i'm yn dweud llawer, a dwi'n cofio Gerald yn troi ata i ac yn dweud, 'Gareth 'se tîm Lloegr yn dod miwn nawr a gweld yr ystafell hyn, ti'n credu y bydden nhw'n ofni ni, neu'n credu bo ni wedi colli'n pennc?' Dyna lle ro'dd Grav yn canu, bwrw'r wal, dodi'i ysgwydd yn erbyn drws y toilet, wrth baratoi yn i ffordd i hunan. Mewn ffordd ro'dd e'n hala ni chwerthin achos ro'dd Grav ar i ben i hunan, yn cadw sŵn, jyst 'na'i ffordd e o baratoi ac wrth gwrs bydde ni'n ci ganmol e, bod e'n gwneud 'na, 'Da iawn Grav, da iawn Grav! Nagw i wedi gweld ti'n disgwyl yn well!' 'OHHHHHHH!' Agor y drws wedyn ac o'dd e'n mynd mas i'r cae wedi 'ny fel tarw gwyllt.

Mae un gêm yn sefyll yn y cof 'da fi. Cymru yn erbyn Iwerddon yng Nghaerdydd ac ro'dd llawer wedi cael ei ysgrifennu amboutu Mike Gibson yn y papure dyddiol. Wel, pam lai ynde, ro'dd e gyda'r gorau o'dd yn chwarae yn y gemau rhyngwladol yr adeg 'ny, a hefyd ro'dd e'n Llew ac wedi bod ar sawl taith. Ro'dd e'n anhygoel o chwaraewr, maswr, canolwr, unrhyw le tu ôl. Roedden nhw wedi bod yn ysgrifennu amboutu fe yn y papurau ac wedi awgrymu efallai y bydde hi'n mynd i fod yn brofiad anodd iawn i Ray

Gravell, 'against the mighty Mike Gibson!' Wel, fi'n siŵr wedi darllen hyn, do'dd Ray ddim wedi cysgu llawer ers wythnos. Wedyn bydde fe'n dod ata i yn y gêm 'Gar, Gar, ti'n lico fi?' 'Grav, wedes i, wrth gwrs bo fi. Fi ddim wedi dy weld di'n 'hware'n well,' 'Ohhhh!' Benny, Benny, Benny, hwp it up, hwp it up here, Benny.' Rhoddodd Phil bàs fach fer iddo a fe redodd trwy tua tri neu bedwar Gwyddel, a'u bwrw nhw lawr fel pins bowls, mas o'r ffordd i gyd. O'dd e fel bod e'n cael rhyw nerth o rywle, rhyw nerth anhygoel wrth gael ei ganmol, wrth glywed pethe fel 'Dwi'm wedi dy weld ti'n edrych mor dda eriod; dwi'm wedi dy weld di'n edrych mor ffit eriod; dwi'm wedi dy weld di'n edrych mor gryf eriod.' 'OHHHHHH!' Fe gafodd un o gemau gorau'i yrfa yn erbyn Iwerddon y diwrnod 'ny. Bydde pobl wedi edrych yn dwp arnon ni, pe baen nhw'n gwbod bod y pethe hyn yn digwydd ar gae rhyngwladol.

Wedi'r gêm 'na yn erbyn Iwerddon, o'dd gêm gwpan rhwng Caerdydd a Llanelli ar y dydd Mawrth ar ôl 'ny. Roedd Ray wedi cael gêm arbennig, fel o'n i'n gweud, ac un o'r rhesyme o'dd bod ni wedi bildo fe lan drwy ganmol pa mor ffit ro'dd e'n edrych. Fe sgrifennwyd yn y papur wedi'r gêm, 'The credit for the score should go to Ray Gravell who put down Mike Gibson with a ferocious shoulder charge.' O'dd e mor hyderus ac ar ben i gêm. Ro'n ni'n barod i fynd mas i'r cae nawr, ar y dydd Mawrth ar ôl 'ny, Caerdydd yn erbyn Llanelli yn y gwpan, a 'ma Grav yn dod lan yn wên o glust i glust, 'O, Gar, sut i ti boi, alright? Sut i ti Gar?!' Fel 'na o'dd e bob tro. Ac ar y foment 'na, nag o'n i wedi meddwl amdano cynt, a ma hynny'n hollol wir, ma fi'n troi at Grav,

'Diawl, be sy 'di digwydd i ti?'

'Be ti'n feddwl?' medde Grav.

'Beth yw'r pot 'na, beth yw'r bola 'na sy 'da ti?'

A ma fe'n disgwyl lawr ar i fola... 'Be ti'n feddwl, be ti'n feddwl?'

Gyda 'ny dyma'r dyfarnwr yn dweud, 'Mas â chi bois, ar y cae!'

'Ma fi a Grav yn rhedeg mas nawr ar y cae. A'th e un ffordd ac es i y ffordd arall, ond droies i rownd ac o'dd e'n cadw i ddisgwyl arna i, a'i ddwylo ar agor fatha bod e'n gofyn 'Beth ddwedest di yn fan'na?' Dodes i fy nwy law ar fy mola fel 'swn i'n dweud 'bola mawr'. Meddylies i ddim llawer mwy na 'na am yr holl beth. Wel, ta beth, a'th y gêm 'mlân ac o'dd Grav yn ca'l gêm warthus, gêm warthus. Bwrodd e'r bêl 'mlân ac fe gafon ni gic gosb diolch iddo fe. Do'n i'm yn deall beth o'dd wedi digwydd iddo a dweud y gwir. Bwrodd e'r bêl mlaen wedyn ymhen tipyn a getho ni *knock on*, sgrym, a sgoron ni gais o'r sgrym hwnnw. Y peth nesa dwi'n cofio oedd Phil (Bennett). Y pryd 'ny byddech chi'n aros mas hanner amser ar y cae, a chael sgwrs mewn cylch. Oedde ni'n cael sgwrs, a dyma fi'n cael y teimlad bod rhywun yn dod lan tu ôl i fi. Troies i rownd, Phil o'dd e, yn araf bach, yn crepian yn agosach ac yn agosach at dîm Caerdydd o'dd mewn cylch yn siarad â'n gilydd hanner amser. A dyma Phil yn dweud 'tho fi, 'Gar, Gar, for God's sake, tell Grav he's not fat, he's driving the boys mad with it!' O'dd e wedi mynd at Phil a J J (Williams), mae J J wedi dweud yr un stori wrtha i sawl gwaith. Aeth at Phil a dweud, 'Phil, Phil, I'm not fat am I? Phil, Phil, I'm not fat, I'm not fat?' Ond nagon i wedi plano fe, a nagon i wedi dweud 'ny er mwyn treial ybseto fe, fyddwn i ddim wedi galler meddwl yn ddigon cloi i neud 'ny. Jyst tynnu'i gos e, fel bydd ffrindie yn gwneud, wnes i. Pe bawn wedi dweud wrth Phil, bydde Phil wedi gweud, 'Oh, I had a couple of pints with the boys' ac wedi anghofio amdano fe, ond typical o Grav, typical o Grav!

Aethon ni lawr i'r Strade'n ffefrynnau unwaith, o'dd Caerdydd yn chware'n dda yr adeg hynny, a wi'n cofio bod Phil wedi dweud 'tho Ray amboutu Paul Evans, o'dd yn chware fel canolwr a maswr i Gaerdydd. 'Grav, oh, I heard 'em talking, I heard the team talk as I went past their dressing room, and Paul Evans was saying he didn't rate you at all, thinks you're unfit,' gan weindo Grav lan fel corcsgriw. Wel, yn y dacl gynta dyma fe'n llorio, nage jyst Paul Evans, ond hanner olwyr Caerdydd mewn un dacl! O'dd e mor grac, bod rhywun wedi dweud, neu jyst wedi meddwl 'i fod e'n soft touch! O'dd y bois yn gwbod sut i weindo fe lan a bydde fe'n chware'n terrific wedyn. 'Na bart o'i gymeriad e, a sianelu ei frwdfrydedd oedd y peth mwya pwysig. Pan o't ti'n dweud rhywbeth bach yng nghlust Graf o't ti'n i weld e'n newid, fel yr Incredible Hulk!

Roedd Ray yn unigryw, yn gawr, yn ffrind ac mae colled mawr ar ei ôl e.

Phil Bennett

The story the boys now always love, and the players that played the same time as Grav, was the one with Bert Peel who was our trainer, Dwayne Peel's grandfather you know? He was a real character, a miner, and he and Grav, oh, they were always at it, because Grav used to always tease him. We'd go in to do some weights you know, we had a weights room down there, and Bert hated weights more than anything in the world. He believed, as a collier, that a miner or a farmer was strong enough by doing their daily work. He and Grav, as I say, were great friends, but they were always having a go at each other and having a laugh afterwards.

Once, we were playing a match against Bridgend, hell of a crowd, packed house there, and Grav was against Steve Fenwick and some very talented players, J P R would have been playing as well. Roy Bergiers was the other centre with Grav. Roy was a wonderful centre, made a beautiful half break on the half way line, slipped it to Grav, and Grav caught the ball quite beautifully, went out towards J P R, drew him, and put J J in, who flew in from about 30 or 40 meters for a wonderful try. The crowd went absolutely berzerk and they were cheering J J on the way back. And Grav, I don't know if he was jealous, or wanted attention, Grav was Grav you know? Down he goes in a heap, on the floor screaming in pain, a couple of boys ran up to the reff, and Bert had to run now, about 60 yards, and he was worn out, running 60 yards to treat Raymond. He bent down, and I came over, and Ray was writhing in agony and swearing in Welsh, and Bert started rubbing some lovely white lotion cream all over his forehead. Grav went berzerk, 'Beth yffarn ti'n neud, Bert, ma'r blydi boen lawr fan hyn, ychan [the pain is down here]' and Bert said gently, 'Yes, but Raymond, here's where the real problem is, up here.' And Grav was shouting and his language was red, and I was hysterical. Bert was so cool about it, 'here's where the real problem is Raymond, lan fan hyn myn yffarn i'

I can remember another story with Bert: we were playing Cardiff, which was a big game, Swansea was the local derby, but Cardiff was The Club, they regarded themselves as the greatest. We were playing Cardiff at Stradey, and I remember Grav came in, 'Oh, I'm not feeling well; I've got a headache I can't play today.' There were no subs in those days, we were thinking who the hell could we get now, and I was saying come on, and the boys were saying, 'dere mlân, Grav'.

'Oh I've got a headache, I could have a brain haemorrhage, you never know what could happen.'

My god, he was driving us all nuts you know, and Bert was calling him, 'Dere 'mlân y babi, be sy'n bod arnat ti?'

'Bert, bydda i'n bwrw ti nawr!'

Oh, what a build up to Cardiff, Gareth Edwards and all these stars in their side. And I can remember, there were only twenty minutes to go before the game, and we had two rooms in those days, the dressing room where we changed, and the other room where Bert had a bench, you know, old fashioned, where Bert would rub you down, massage you, brilliant trainer. He'd done my legs, 'do me a favour and

put a bit of deep heat on my back' and Grav came bursting
through the door, 'I'm going to go home,' and I said 'Oh Grav
man, just give it one chance, please Ray, we need you today.'
Then I said, 'Oh Ray will you try this thing for me?' He looked
at me puzzled now 'Beth, beth... what do you want?'

Brendan Foster the great long distance runner from
Newcastle who was a great friend of mine, and was the
sport development officer to the whole of the north East.
'Well you know, Ray, I told you I was playing in The Brendan
Foster International 15 on the Thursday,' so to cut a long
story short, I asked Grav, 'Grav, will you try these, Brendan
gave me two or three pills, they're from America. He's been
running in America, and these are the greatest pills for
athletes that's ever been found!'

Grav loved pills and medicines, so I said to Bert, 'Bert, give him one, will you?' and Bert looked at me as if he was saying what the hell are you talking about. He went into his pocket, and I swear to God, he said to Grav, in Welsh, 'Close your eyes Raymond, and put your head back a bit,' and he put this pill into his mouth, and I said 'suck it now...' and Grav said 'Ew, nice taste to this pill, Bert,' and I said 'Ray these are very expensive'. And he chewed it, this is true, honest to God, he chewed it and I said, 'He only gave me three, they're from America, new pills.' 'Duw, my headache's gone,' he said. He smashed the door, went back in to change, and he was ready to play Cardiff. I was hysterical and I said to Bert, 'Bert, what the hell did you give him there?' 'Well' he said 'you dropped me in it, give him a pill you said, and I gave him the only thing I had in my pocket, which was an orange tic tac, so I put that in his bloody mouth.' So Grav had chewed this tic tac and thought it was some magic pill from Brendan Foster and his headache had disappeared, and he was ready to kill Cardiff! Oh, he was on his own, you couldn't make it up.

Isn't it amazing that this young shy man, as he grew a bit older could go on and act in films with famous actors, and have his own radio show in the morning. He would always call me to say how the ratings were going asking 'are you switching on to me now every Tuesday and Thursday?' He'd phone all the boys 'remember now 10 o clock Tuesday or 10 o clock Thursday'. I can remember him phoning me, on my children's life now, he phoned me, 'tune in Phil, I've got this lady, she's a very famous lady, she's an actress, she writes books or something, she's from America, flying in, and I've got an interview with her'. And I'll tell you who it was, Jackie Collins, sister of the actress Joan Collins. 'Oh, she's bringing a new book out Phil, something about Hollywood, all them carrying on, and having affairs everywhere there,' and this that and the other. So, I was listening in my car, well, I nearly crashed the car, 'and now we hand over to Ray who's doing the show, and just come in to our London studio Jackie Collins, the famous writer who has a new book coming out' this that and the other.

'Hello Jackie, are you alright?'

'Yes, nice to talk to you Raymond.'

'Are you happy here, are you all settled in?'

'Yes, but I must admit, the only thing, I'm missing my cat,' Jackie Collins said.

Now Grav loved his cat, Toodles. 'Well Jackie, have you got a cat? I've got a cat too; now tell me, with what do you feed your cat?'

Then they chatted about cleaning the cat, does it moult, does it lose hair? 'And what about her in the night? I've got a cat flap you see, and she comes in and out…'

Well, they went on about the cat for about 15 to 20 minutes, and then he said 'Jackie, it's been lovely to talk to you, all the very best,' and not a word was said about a book, not a word about Hollywood, not a word about anything but cats. Then he said, 'Mam, Jackie's got cats', 'cos he knew his mother was listening in Mynydd y Garreg. Well I was hysterical; the boys were phoning me up, 'What the hell was that? He's absolutely mad. I know more about cats now than I ever wanted to!'

And he phoned again, 'Tune in this Thursday, I've got this great man,' and I love cricket, he had Fred Truman coming in. 'Oh Ray, I saw him playing at St Helens,' the great England cricketer, a wonderful man from Yorkshire. I can always remember him, 'Oh, welcome to the show, Fred, welcome to the programme.'

'Well yes Raymond, we're very much alike, you down there in west Wales with your collieries and us up here with our coal.'

Well, and Ray's father was a big miner you see.

'Duw, you have coal up there? What coal have you got, Fred?'

'Anthracite'

'Duw, we've got Anthracite down here, now, how would you burn it, do you put some "cols" in with it?' 'How long does it last with you? How much coal do you mine out of there?' Well, honest to God, 20 minutes on coal, how to burn it, how to use it and everything, not one word about his wickets, how many he'd bowled for Yorkshire, how much he'd bowled for England.

Back to the rugby, and you'd know your music well, when he was playing for Wales when he was young and the Pontypool front row there. We only had two toilets in the Welsh dressing room, they were nice changing rooms, but only two toilets and Grav used to go in. The Pontypool front row couldn't speak a word of Welsh, Grav would go in with a programme, lock the toilet and he would be in there for about 45 minutes, and the boys wanted to use the toilets, and all they could hear coming out of the toilet, was this song 'Carlo'. Dafydd Iwan had brought it out, and Ray was singing it on top of his voice, and I can remember Charlie Faulkner, who was livid now, 'who's this *&^%$ Carlo, who's Carlo, who's Carlo, Phil?' and I said, 'The Prince of Wales.' 'Jesus Christ!'

He'd come out then, and I can always remember, there was a huge mirror, and he'd go and look in the mirror, put his chest out, and he'd have the three feathers there you know, and he'd rub the three feathers, oh, and you know what, I'd swear he'd have half a tear, and sort of think about his mother and obviously his father who'd been found... you

know… But for about 45 minutes you'd have 'Carlo', to work him up. And out then, look at his chest, look at the three feathers and ready for it. I can remember the Pontypool front row; you know Pricey never said a word to anybody, all his life, just shaking his head as if to say, 'Where does he come from?'

He was on his own; it was a privilege to know him and a privilege to play with him. What a man, what a player.

Simon Easterby

I remember in the early 2000nds, Grav was obviously a constant presence in Parc y Strade, whether that would be working for S4C, or supporting us as The President of The Sgarlets. I vividly remember one day, turning up for a Saturday evening game, and myself and Sarra at the time were on a short break in our relationship. Well, Grav collared me before I even made it into the changing room, and told me how wonderful Sarra was looking earlier on, as he'd just seen her, and I just remember his words…

'Ohh, Ohh, Ohh Sarra! Ohh Simon! … Ohh Ohh!!' He couldn't really go into more detail than that, but I knew exactly what he meant. He was trying to convince me that Sarra was looking beautiful when he'd seen her earlier that evening, and what was I doing having a short break from going out with her?

It didn't stop there, I went into the changing room, and as Grav always did prior to a game, again whether he was working at the game or whether he was just there supporting us, he'd always come into the changing room to wish us good luck and obviously, he was meant to be impartial when he was working there, but he was always true to his colours and would be supporting us through thick and thin. But that day, he made a point, probably about five minutes before kick off, of coming up to me again and saying how wonderful Sarra looked when he'd seen her earlier and that basically, in no uncertain terms, we had to get back together. It was a pretty difficult match for me afterwards, with everything going on in my head about the game, and obviously thinking about Sarra and what Grav had said. I think we won the game thankfully, but it was a bit of a strange one for me, and one that I will never forget, where Grav had a big part I think, in myself and Sarra getting back together not long after that. That would be one of my many memories of Grav, as he was obviously, as I said, a constant around the club and in our lives for a good period while I was there, having joined the club back in 1999 and right through until he passed away in 2007.

What I remember about his funeral again is pretty vivid in terms of the outpouring of grief from people that knew him, people that maybe had just shaken his hand, or even people that hadn't had the good fortune of meeting him in person. He touched everyone in a special way, but also, I think he touched people in different ways. He was one of the only people that you'd meet, who'd always make you feel like you were the only person that he'd spoken to that day. He was so full of enthusiasm, and never short of a word of encouragement, whatever you were doing he'd offer a confidence boost. Wherever he was, he was always there to support, and to say a positive word about the things you were doing. It was really tough to be a bearer at his funeral. It will forever stick in my memory as something that you would never want to have to do, but obviously was a huge honour, when myself and a number of then current Sgarlets, and ex-Sgarlets, were privileged enough to carry him on to the ground prior to the service.

I think, when you saw the number of people that were at the funeral, who were all there showing their respect to Grav, it just hit home what he actually meant to people. But ultimately after the doors were closed and everyone was back in their own homes, one felt that it should never be forgotten, not only what a great man he was, but also what a great dad and a great husband he was. He is missed by everyone, and I can't believe that it's over ten years since his passing. I feel very fortunate to have had him in mine and Sarra's lives, and the fact that he was able to celebrate our wedding with Mari his wife, was wonderful, and probably testament to the encouragement that he gave in making sure that we got back together.

Y Teulu
a Ffrindiau Agos

Mari Gravell

Nag o'dd Ray yn rhyw DIY expert o gwbwl! Un flwyddyn a hithe'n adeg y Nadolig, y merched yn ifanc iawn a'r Nadolig hwnnw roedden ni wedi ca'l trampolîn bach iddyn nhw. Ro'dd e'n edrych ymlaen yn fawr iawn nawr i gael rhoi y trampolîn hyn at ei gilydd ac ro'n i am ei gynorthwyo fe.

So, da'th hi'n noswyl Nadolig ac ro'dd hi wedi mynd yn hwyr cyn i ni ddechre – nethon ni'm dechre ar y gwaith nes o'dd hi wedi deg. Roedd hi'n eithriadol o dwym yn yr ystafell ac wrth i Ray ei roi e wrth ei gilydd ro'dd e'n chwysu'n stecs. Ond, chware teg, ro'dd e wedi gosod popeth mas yn drefnus, yn gwbod lle ro'dd popeth, a fi o'dd yn ei gynorthwyo fe. Fe halon ni dros ddwy awr yn dodi popeth wrth ei gilydd ac wedi gwneud yn siŵr bod y tensiwn yn iawn ar y mat a bod pob dim yn ei le.

Fel roedden ni'n dechre clirio, 'ma Ray yn sefyll ar ei draed er mwyn edmygu ei waith ac ro'dd e mor hapus ei fod e wedi galler gwneud hyn i gyd i'r plant. Ro'dd e'n gwbod y bydden

nhw wrth eu bodde gan taw hwn o'dd un o'r anrhegion mawr roedden nhw wedi gofyn amdano. Ac o'dd, ro'dd e'n prowd iawn o'i waith. Wrth i fi godi ar 'yn nhrad ac yn casglu pethe at ei gilydd, sylwes i 'mod i wedi bod yn eistedd ar bacyn o washers o'dd i fod ga'l eu rhoi gyda phob sgriw o'dd ar y trampolîn! Wel, ro'dd arna i bach o ofon gweud wrtho fe beth o'n i wedi neud, ond o'dd rhaid cyfadde yn y diwedd. Do'dd e ddim yn rhy hapus, mae'n rhaid i fi ddweud, achos buodd yn rhaid i ni ail wneud popeth er mwyn ychwanegu'r washers hyn at bob sgriw. Ond yn y diwedd ro'dd y canlyniad yn grêt. Ro'dd bod y merched wrth eu bodde yn y bore yn gweld y trampolîn yn ei le ac yn falch bod Dad wedi gallu helpu i'w roi e wrth ei gilydd.

Genedigaeth Manon, y babi cynta ynde, a dim ond fi, Ray a'r fydwraig, Vicky, oedd yn yr ystafell. Ma Ray yn dod i mewn a holi,

'Reit te, Vicky, ble ma'r gown, ble ma'r gloves? Beth wi fod wisgo? Ble ma pawb?'

'Wel, 'ma ni, Ray. Fi, ti a Mari!'

'O, o'n i'n meddwl y bydde lot mwy na hyn 'ma,' medde fe.

Bues i ache cyn i Manon gael ei geni, yndyfe, a 'na i gyd ro'n i'n clywed o'dd y gerddoriaeth hyn. A'th pethach tipyn bach ar 'y nyrfs i, yndyfe. Anyway, 'ma pethach yn dechre symud, ac yn dod i'r pen, ond am ryw reswm o'n i jyst yn ffaelu pwsho, o'n i wedi blino'n lân a dim egni o gwbwl. Dyma Ray yn dweud fel hyn,

'Come on nawr, Mar. No pain no gain!'

Wel, os do fe 'te. O'n i'm yn gwbod beth i'w ddwcud, o'n i'n ffaelu credu 'i fod e wedi dweud shwt beth ac o'n i'n gweiddi arno fe, 'Cer o'r ffordd. Cer mas o'r ffordd!'

A Vicky yn dweud wrtho fe, 'Hey, come on nawr, Ray, come on nawr. Ma gwcud hyna 'mbach yn hallt, yndyfe.'

A dwi'n cofio, pan gath hi ei geni, o'n i fel petawn i mewn sioc, achos ti'n gwbod, yn y diwedd doth hi jyst mas, yndyfe. Wel o'dd e'n llefen y glaw, ac o'dd e wedi mynd i eistedd tu fas i'r stafell a da'th y doctor i 'ngweld i. A'th un o'r doctoriaid eraill at Ray a gofyn iddo fe,

'Are you alright?'

'Yes,' medde Ray yn llefen y glaw, 'I've just had my first baby!'

Gyda Gwenan wedyn, o'dd hi saith wythnos yn gynnar. O, stori hollol wahanol. Oedden ni lan yng Nghaernarfon ar fore Sul, am fod Ray yn recordio rhyw raglen cwis, sa i'n cofio ei henw hi. O'n ni yng Ngwesty'r Celt, ac o'n i'n mynd i'n stafell, ond roedden nhw wedi rhoi stafell i ni lle nad oedd lle i Manon, er yn bod ni wedi gofyn am stafell teulu, 'O, dim problem,' medden nhw, 'daw rhywun i'ch helpu chi gario bagiau, rŵan.' Felly cariodd Ray a'r Porter y bagie ac ro'dd Manon a fi'n cerdded tu ôl iddyn nhw. Es i really yn dost! Dwi'm yn gwbod beth ddoth drosta i, ond o'n i'n ffaelu rhoi un droed o flaen y llall. A holodd Manon, 'Ti'n ocê?' ond o'n i'n ffaelu siarad. Dechreuodd Manon weiddi, 'Dadi, Dadi!' a throiodd Ray rownd a gwelodd e, mae'n rhaid, fod golwg dost arna i.

'Blydi hel, beth sy'n bod arnat ti?' holodd e, a finne'n sibrwd 'Sa i'n gwbod, sa i'n gwbod'. Erbyn i ni gyrraedd yr ystafell ro'dd pen tost ofnadw 'da fi a buodd rhaid i fi orwedd ar y gwely a dillad y gwely drosta i. O'n i'n ffaelu deall beth o'dd yn bod arna i. Anyway, buodd yn rhaid galw y paramedics, ac wedi iddyn nhw ddod, wedodd un ohonyn nhw,

'Gwell i ni fynd â chi i mewn i Ysbyty Gwynedd.'

'Wow nawr,' wedodd Ray, 'Wow nawr. Fi'n ffaelu ca'l babi wedi'i eni lan fan hyn. Bydd yn rhaid i ni gael Air Ambulance i fynd lawr â hi i Ysbyty Glan Gwili. Chi'n deall hyn. Nawr, bois, dim bo fi'n trial bod yn od na dim byd fel 'na, ond fi'n ffaelu cael babi sy'n Gog!'

Ond diolch byth diflannodd y salwch mor sydyn ag y da'th e. Ar y dydd Sul 'na ethon ni yn ôl gatre ar ôl iddo orffen y rhaglen ac o'n i'n ffein ar y dydd Llun. Da'th y midwife i 'ngweld i a dwedodd hi, 'Sa i'n credu taw'r babi o'dd achos y salwch.' Ond erbyn bore dydd Mercher digwyddodd yr un peth 'to, a'r babi o'dd yn gyfrifol. Beth oedd wedi digwydd o'dd bod y plasenta wedi rhwygo, er doedden ni ddim yn gwbod 'na nes iddi gael ei geni. So, mewn â ni. Gadawon ni fan hyn biti 8:30 yn y bore, er so i'n credu bryd hynny bod Ray yn meddwl bo fi mewn labour. Ond erbyn cyrhaeddon ni jyst tu fas Caerfyrddin, dechreuodd e 'ngredu i ac wedyn ro'dd e'n ofyrteco ar y tu fewn hyd yn oed, er mwyn trial mynd yn gloiach. Cyrhaeddon ni, ond wedyn buodd hi'n achau cyn y gwelon ni'r arbenigwr, Mr Roberts. Aethon nhw lan â fi i'r ward a medde Mr Roberts, 'O, jiw jiw, 'dach chi'n mynd i ga'l y babi 'ma heddi, ta beth sy'n digwydd.'

O'n i'n meddwl fy mod i'n mynd i gael *caesarean* nawr. Mr Bloomfield o'dd yr arbenigwr o'dd gyda Gwenan, a'r tro hyn o'dd e fel bo nhw'n gwerthu tocynnau i'r enedigaeth, le gyda Manon do'dd neb, o'dd y llc hyn yn llawn. Llawn myfyrwyr, doctoried, nyrsus, achos o'dd e'n enedigaeth wahanol i'r arfer.

So, ma Ray, yn sylwi ar hyn i gyd ac yn troi at Mr Bloomfield a gweud,

'I better go now, I better get out!'

'You stay where you are,' wedodd e wrth Ray, 'She's going to need you now!'

Yn y diwedd, mewn munude, 'ma Gwenan yn dod, a da'th hi mas, wel dim ond pedwar pownd o'dd hi, ac ro'dd hi'n borffor! A wedodd Ray, a fynte'n llefen y glaw 'to,

'Wi wedi cusanu rhyw ben iddi, ond so fi'n gwbod pa ben o'dd e!'

A dyma nhw'n mynd â hi bant, ond ro'dd popeth yn iawn er iddi aros yn yr ysbyty am dair wythnos.

Pan o'dd Gwenan yn fach, ro'dd 'da Ray ddigwyddiad yn Llanelli, i agor rhywbeth neu'i gilydd.

'Dwi ddim yn galler mynd â hi 'da fi,' wedes i, achos ro'n i'n gweithio.

'Af fi â hi 'da fi,' medde fe achos ro'dd i ddigwyddiad e'n ymwneud â phlant.

Felly, ma fi'n dweud wrtho,

'Mae'i dillad hi i gyd yn fan hyn, felly gwisga di hi pan fyddi di'n barod a gwna'n siŵr ei bod hi'n cael bwyd cyn ych bod chi'n gadel.'

'Reit, ie, ie, dim problem, dim problem.'

Wel, ta beth o'dd wedi'i ddala fe lan yn y tŷ, o'dd e 'mbach yn hwyr yn gadel, ac ro'dd rhaid iddo fe rysian i gyrredd y lle mewn pryd, so, o'dd e bownd o fod wedi dreifo fel y diawl. A'th e i nôl Gwenan mas o'r car, biti dwy oed o'dd hi fi'n credu, ac wrth neud dyma hi'n whydu drosto fe i gyd, dros 'i siwt e 'fyd. Ond wrth lwc, un o'n ffrindie gore ni o'dd yn cynnal y digwyddiad ac ro'dd 'na lot o fenywod i neud ffys o Gwenan ac aethon nhw ati i'w glanhau hi tra bod y lleill yn glanhau Ray cyn bod popeth yn dechre. O'dd hyn i gyd yn typical, hollol typical o Ray.

Y flwyddyn cyn i ni golli Ray aethon ni i'r un lle ar ein gwyliau ag arfer. Tŷ 'y nghefnder o'dd e, ac ro'dd rhaid i ni wneud y booking online am y flights, yndyfe. Y flwyddyn cynt cawson ni ddarn o bapur ac enwau pawb arno fe. Grêt. Ond, y flwyddyn wedyn o'dd pethe wedi newid. Do'n nhw ddim yn rhoi darn o bapur i ni. Ro'dd rhaid i ni ddodi rhif y flight yn y ffôn a 'na fe. Wel y noson cyn hedfan ro'dd e yn llawn ffys. A medde fe,

'Na, na, fi'n moyn y pisyn papur. Sa i'n mynd o fan hyn os na fydd y pisyn papur 'da fi.'

'Grynda, sdim ishe fe,' meddwn i wrtho.

Gorfod i mi ffono'r boi 'ma, Joe, oedd yn gweithio 'da'r Sgarlets a fe fydde'n dod rownd yma a sortio popeth i neud â'r cyfrifiadur. Ro'n i'n gwbod bod Joe yn mynd i'r Alban yn gyson i weld ei rieni, ac ro'dd Joe wedi dweud wrtha i, 'I always book online now. I'm not going to bother with any papers.'

Amboutu 10 o'r gloch y nos cyn mynd, ffonies i Joe, 'Joe, please, can you explain to Ray, will you, about booking tickets online.' Dyma Jo yn esbonio iddo, ond wnâi Ray ddim ei gredu fe, hyd yn oed.

Dai Penn, ffrind i ni, o'dd yn mynd â ni i'r maes awyr. Medde Ray,

'Reit, sa i'n mynd i adael i Dai Penn fynd gatre, nes bo fi'n gwbod bo ni'n galler mynd ar y ffleit. Wir, sa i'n credu y cewn ni hedfan heb ddim papur na dim byd i ddangos iddyn nhw.'

Chysgodd e braidd ddim trwy'r nos, achos o'dd e'n becso cymaint. Bydde fe'n dihuno lan a gweud wrtha i, 'Betia i ti nawr y bydd na blydi ffys biti hyn fory.'

'Ray, plîs, jyst cer i gysgu, nei di!'

Ar y siwrne lan, dywedodd Dai Penn 'fyd wrtho fe, 'Listen now Ray, they've moved on, it's 21st century now, Ray.'

'Dai, please now, don't leave us until I know. I'll go to the desk straight away, and then I'll tell you if you can go back home.'

Erbyn i ni gyrraedd yno, ro'dd y ciw o'r ddesg mas i'r drws. Felly, yn y maes awyr, dwedes i wrth Dai, 'Listen Dai, just go.'

Wrth aros yn y ciw am ein tro, dal i gario 'mlân am y blincin peth o hyd ro'dd Ray. Cyrhaeddon ni'r ddesg ac fel ro'dd hi'n digwydd bod, bachan o Ben-y-bont o'dd yn gweithio yno. Y peth cynta ddwedodd e o'dd,

'Oh, Ray, there's great to see you going on holidays. How are you feeling? Are you better?'

'Yes, good thanks. Now listen. I'm a bit worried,' wedodd Ray. 'Last year when we came here, we had this piece of paper with all our names on, there's nothing this year!'

'Well, you don't need anything any more,' wedodd e. 'Have you got the number?'

'Yes, I've got the number here,' medde Ray

Sapodd e'r rhif. 'That's all we want.'

'Well, bloody hell,' wedodd Ray, 'I didnt sleep at all last night, thinking that I wasnt going to get on the plane to Spain!'

Siwrne o'dd e'n gwbod bod pob dim yn iawn, newidiodd e'n gyfan gwbwl. O'dd e'n becso cymaint. Ei ansicrwydd o'dd yn gyfrifol. Pŵr dab ag e.

O'dd e yr un peth 'da'r mobile phone. Dim diddordeb mewn technoleg newydd o gwbwl. O'dd e'n moyn galler defnyddio'r ffôn i alw neu ateb rhywun a darllen tecst. 'Na i gyd o'dd e'n moyn gneud. Dim mynedd anfon tecst, o'dd yn well 'da fe ga'l sgwrs.

O'dd e'n casáu airports. Buon ni yn Hong Kong sawl gwaith, yn mynd mas i'r gemau saith bob ochor, a bydde fe'n mynd yno fel arfer gyda grŵp o bobol, achos bydde fe'n mynd fel 'tour leader' gyda Gullivers Sports. Bydde pawb moyn siarad 'da fe, a bydde fe wrth i fodd yn siarad 'da pawb. Y tro dwetha buon ni, ro'dd e wedi mynd wythnos o 'mlaen i, achos o'dd Manon 'da fi a hithe ond yn rhyw ddeunaw mis, fi'n credu. O'dd e wedi mynd am wythnos i Tsieina gyda'r grŵp, ac aethon ni i Hong Kong i gwrdd ag e fan'na. Cyrhaeddon ni Hong Kong ond do'dd yr awyren ddim yn galler glanio, ro'dd y tywydd mor ofnadw. Stormydd! Ro'dd hi'n awful! Oedden ni 'di gorfod troi a throi yn yr awyr am oesoedd. Ro'dd Manon wedi bod yn grêt ar y ffleit, wedi bod yn cysgu o 'mlân i mewn cot bach. O'n i wedi ei newid hi'n barod achos bod Ray wedi gweud wrtha i y bydde pawb yn aros amdanon ni. 'Na i gyd ro'dd e wedi bod yn siarad amdano, siŵr o fod, yn Tsieina hyd yn oed, o'dd Manon! Erbyn cyrhaeddon ni, o'dd hi wedi bod yn dost, ac wedi bod yn sick drosta i i gyd a do'dd dim dillad arall 'da fi i'w newid hi.

Pan gyrhaeddon ni'r gwesty, oh my God, ro'dd pawb a fuodd yn Tsieina 'da fe yno'n aros amdanon ni fel rhyw welcoming party! Wedi'r fath siwrne stormllyd ro'n i'n edrych yn llwyd. Wedi i fi gyrraedd, ma fe'n dod mas i gwrdd â ni'n dwy yn ffys i gyd, a wedes i wrtho fe, 'Plîs cer â fi i'n stafell. Ni 'di ca'l siwrne uffernol.'

Ond holi fi nath e, 'Ti 'di bod yn yfed?'

O'n i biti i fwrw fe, a wedes i, 'Na, wedi ca'l siwrne uffernol ry'n ni'.

Nag o'dd e 'di ystyried taw'r stormydd o'dd wedi achosi'r delay.

'Ond ma pawb yn fan hyn yn aros i dy gwrdd di!'

Es i heibio iddyn nhw a gweiddi arnyn nhw, 'Shw ma'i pawb. Bydda i'n ôl nawr,' cyn bwrw am 'yn ystafell.

A fynte 'di dweud, 'Ooo, ti 'di bod yn yfed myn diawl i!'

Wedi ecseitio'n lân ro'dd e, yn gwbod bod ei deulu'n cyrraedd.

Odd mam Ray ar y pryd mewn cartre yn Mynydd Mawr, a hithe 'di cael strôc ac eisiau gofal arni. O'n i'n ffaelu edrych ar i hôl hi. Odden ni 'di plano mynd i'w gweld hi ar y dydd Sadwrn, a'r nosweth cyn 'ny ro'dd Ray wedi dweud, 'O, ewn ni i brynu modrwy fory!' Wnaeth e ddim gofyn i fi, na proposo na dim byd fel 'na, jyst gweud, ewn ni i brynu modrwy i ti.

'O, reit 'to te. O, grêt,' achos o'n i'n gwbod yn gwmws beth o'n i'n moyn. O'n i wedi gweld un flynyddoedd cyn 'ny, cyn bod Ray hyd yn oed ar y sîn. Ro'n i'n gwbod beth o'n i'n lico. So, o'n ni'n dod 'nôl nawr, ar ôl bod yn gweld ei fam, a 'ma ni'n dod lawr drwy Lanelli, ond yn lle mynd i mewn i'r dre, ma fe'n troi bant a mynd ar yr hewl fydde'n mynd â ni gatre. O, wel, gwmpodd 'y nghalon i. O'n i'n meddwl, 'O, fflipin hec. 'Na fe nawr, 'na fe'. A gofynnodd e,

'Be sy'n bod arnat ti?'

'Dim byd, dim byd...'

'Be sy'n bod? ... O, blydi hel, y ring!' medde fe. 'O, blydi hel!' A ma fe'n gneud U turn yn y fan a'r lle, a mynd 'nôl i brynu'r fodrwy.

O'n i ddim yn moyn dim ffys mawr na dim byd feln'na wrth ddyweddïo, ac fel ro'dd hi'n digwydd bod buodd hi'n eitha tawel, so a'th popeth yn reit. 'Ma ni'n siarad wedyn am briodi, yndyfe. Reit, do'n i ddim moyn ffys mawr 'to. O'dd gwesty lovely ar y pryd yn Mynydd y Garreg, ac rodden ni'n mynd i fynd fan'na, a cha'l dim mwy na deugen o bobol i'r briodas, a 'na fe. Dyna beth oedden ni wedi'i drefnu. Yn y cyfamser 'ma Ray yn mynd off i'r Philippines i wneud *Filipina Dreamgirls*, ac ro'dd e 'na am ryw chwech i saith wythnos. Bydde fe'n ffono bob dydd. Nath e hala'r arian enillodd e wrth neud y ffilm ar y bils ffôn! Un nosweth nawr, ro'dd e ar y ffôn, sa i'n cofio beth o'dd y gwahaniaeth amser, ond o'dd hi yn ystod orie mân y bore a wedodd e,

'W't ti 'di gneud rhywbeth am y briodas?'

'Ydw, popeth wedi 'i neud,' wedes i. 'Deugen o bobol fel nethon ni gytuno.'

'Na, cansla fe. Fi'n moyn mwy na 'na.'

'Na, na,' wedes i, 'dyna beth gytunon ni.'

'Na, sa i'n galler. Fi'n nabod mwy... bydd rhaid i fi ofyn i fwy na deugen o bobol i'r briodas. So cansla fe.'

'Na, sa i'n canslo fe.'

Dath e'n ôl a canslodd e fe, ac fe geson ni ffair, yn hytrach na phriodas wedyn. O'dd rhyw 180 o bobol 'da ni yn y diwedd. Oh my God! Ond o'dd e'n ddiwrnod grêt, serch 'ny. Fel y disgrifiodd Roy Noble y briodas, 'It was a Three Day Event!'

Gwenan Gravell

Ma'n stori i'n fwy embarasing na dim byd arall. O'dd e'n un o'r troeon cynta i ni fynd i McDonalds gyda Dad. O'n ni wedi neud y car thing o'r blaen fel dreifio trwyddo, ond do'n ni heb actually bod mewn. So, aethon ni mewn, a fi'n cofio mynd lan at y cownter ac am ryw reswm dwedodd y boi, ''Na'i ddod â fe i chi'. So o'n ni wedi ordro popeth a mynd i eistedd lawr. Dyma fe'n dod a 'ma Dad yn holi 'Oh, do you have a wine list? What about a knife and fork?' Fi a Manon wrth gwrs jyst â marw o gywilydd! Pan wedodd y boi, nad o'dd, medde Dad, 'You don't have a wine list? You don't have a table cloth?' A ninna'n meddwl, 'O plîs shut up Dad.' Ac ar ôl mynd gatre dweud wrth Mam, 'O my god Mam, so ni'n mynd 'da fe i McDonalds 'to!'

Un peth arall dwi'n cofio. Pan o'n i yn yr Ysgol Gynradd aethon ni i weld panto, un o bantos Dafydd Hywel, er sa i'n cofio pa un o'dd e. O'dd yr ysgolion i gyd yno nawr, pawb yn eistedd ar bwys ei gilydd. A fi'n cofio, rhyw hanner ffordd trwy'r panto, 'ma Dad jyst yn cerdded miwn, dod lan aton ni ac eistedd gyda ni. A fi'n cofio ar y pryd, achos do'n i ddim really wedi sylwi ar hynny cynt, bod pawb yn nabod Dad, a finne'n meddwl, shwt oedden nhw'n nabod e? Fi'n cofio jyst eistedd 'na a'r kids 'ma i gyd yn rhedeg ato fe, a finne'n meddwl pam bod pawb yn obsessed 'da Dad fi? Dad fi yw e! O'n i jyst mor embarasd, achos o'dd e heb ddigwydd cynt neu o leia o'n i heb weld 'ny yn digwydd o'r bla'n. Meddwl wedyn, ry'n ni mewn panto, pam y'ch chi'n…?'

Manon Gravell

O'n i wedi bod yng Ngwersyll yr Urdd Llangrannog, Blwyddyn Saith, Bro Myrddin, ar gwrs pontio. Ro'dd y tywydd yn oer ofnadwy. Des i gatre ac o'dd fel rash mawr rownd 'y ngheg i oherwydd y tywydd a'r oerfel. Wrth ddod 'nôl o gwrs pontio, do'n i ddim really yn nabod y plant erill yn dda iawn, ond ro'n i'n gwbod y byddwn i'n mynd i hala saith mlynedd o 'mywyd yn dod i'w nabod nhw a dod yn ffrindie gore 'da nhw. Y peth cynta ddigwyddodd ar ôl dod oddi ar y bỳs o'dd cwrdd â Dad. Des i off y bỳs yng nghanol pawb nawr, gyda'r gwefusau mawr coch hyn oherwydd yr oerfel. Wedi iddo 'ngweld i dyma Dad yn holi mewn llais uchel fel bod pawb yn ei glywed e, 'Pwy ti 'di bod yn snogan 'te?' O flân pawb!

O'n i ddim yn gwbod lle i ddodi 'yn hunan! O'n i'n meddwl, 'Great Dad. Diolch Dad! Ideal i ferch yn ei blwyddyn gyntaf yn yr ysgol!'

Pan o'n i rhyw 11 neu 12 oed, o'n i newydd ddod yn ôl o'r ysgol a Dad yn watsiad y rasys ar y teli, fel bydde fe bron bob tro byddwn i'n dod gatre o'r ysgol. Cerddes i mewn trwy'r gegin a wedodd e,

'O, Mans, dere i eistedd fan hyn am funed, rw i'n moyn chat 'da ti.'

So, o'n i'n meddwl ocê... so, pwyses yn erbyn y ratiator a wedodd e,

'Reit, reit... nawr bo ti yn yr ysgol uwchradd, ma'n rhaid i fi gael chat serious 'da ti.'

O'n i meddwl, 'Iawn, ocê...?'

'Nawr, wi'n mynd i weud wrtha ti am 'the birds and the bees', a 'na'i gyd ma rhaid i ti w'bod yw, the birds fly on top and the bees fly underneath.'

A na i gyd o'dd y chat!

''Na ti, off â ti!' ac a'th e 'nôl i watsied y rasys. O'n i'n meddwl ac yn meddwl ac yna gofynnes iddo fe, 'Beth dw i fod neud â'r information 'na, Dad?'

'O, by't ti'n deall pan fyddi di'n hŷn'

A fi still ddim yn deall!

O'dd Dad a fi'n obsesd 'da bwyd y môr a fi'n cofio pan o'dd Wncwl George (Wncwl Mam) yn dost yn hospital ac a'th Mam i'w weld e un nosweth, a wedodd hi wrth Dad,

'Reit, wi 'di troi'r ffwrn arnodd, a fi 'di prynu'r dressed scallops hyn o Marks, a 'na i gyd bydd rhaid i ti neud fydd 'u rhoi nhw mewn am hanner awr a byddan nhw'n barod.'

'Ie, ie, Good. Ta ra, ta ra, ta ra.'

So a'th Mam, rhoddodd Dad y scallops hyn mewn, ac o'n i'n watsiad teli a ddim yn cymryd lot o sylw ohono fe. So dynnodd e nhw mas, a medde fe, 'Reit Mans, bwyd yn barod!' Gadawes iddo fe fod am dipyn bach achos o'n i moyn gweld diwedd y rhaglen. Gwaeddodd Dad wedyn, 'Reit, come on, bwyd!' So es i i gael bwyd, ac o'n i heb sylwi, neu ddim 'di meddwl pam fod y bwyd yn ôr. O'n i ddim 'di meddwl lot achos o'n i'n beio 'yn hunan am adael y bwyd mor hir cyn i fyta fe! So, 'da'th Mam nôl wedyn a cerddodd hi heibo'r ffwrn yn y gegin a wedodd hi,

'Oh my God, ma hi'n dal yn dwym, ma'r ffwrn yn dal arno.'

A wedodd Dad, 'Na, fi'n siŵr droies i hi off.'

Disgwylodd e ar y ffwrn a gweud, 'Oh my God, wi 'di rhoi'r bwyd yn y ffwrn wrong!'

So, o'n ni 'di byta'r scallops yn raw!' A'th Dad yn banics i gyd a gweiddi ar Mam yn ddramatig, 'Fi 'di lladd hi, fi 'di lladd Manon. Alla i weld e ar ffront page y *Western* Mail yn dweud bod hi 'di marw a "Ray Gravell kills his own daughter!" a stwff fel 'na.'

Doctor oedd un tad bedydd i fi, so ffonodd Dad Martin a medde fe 'to,

'Martin, Martin, I've killed Manon!'

'What? What?'

'Well, I haven't killed her yet... but... she's eaten raw scallops!'

A gofynnodd Martin, 'Well, does she feel ok?'

Gwedes i 'mod i'n teimlo'n iawn felly do'dd Martin ddim yn meddwl y bydde fe'n effeithio arna i.

Gofynnodd Mam i fi 'Nag o't ti 'di sylwi bod y bwyd yn ôr, te?' Finne'n dweud 'Wel o'n i'n meddwl bod e'n dwym tua'r gwaelod. So o'n i jyst yn meddwl bod fi 'di gadael y bwyd yn rhy hir cyn i fyta fe.'

Ond o'n i'n iawn, a 'na fy attempted murder story i!

Pan o'n i mas yn Awstralia, wel, fi'n credu bwytodd Dad a fi, rhyngddon ni, ddwywaith yn pwyse mewn bwyd môr! O'dd Dad jyst yn neud yn siŵr bo ni'n mynd i'r restaurants grêt hyn, achos Gullivers o'dd yn talu ac roedden ni'n mynd i'r llefydd posh i gael bwyd. Bydden nhw'n rhoid y 'best experiences' a popeth i ni. Un noson ro'dd Dad a fi yn y lle bwyd môr hyn, ac o'dd lobsters byw i'w gael 'na. So a'th Dad a fi i ddewis lobsters, a dewises i un yn edrych yn eitha 'sedate' a wedodd Dad,

'So ti'n cael un y seis 'na. Ma fe fel plancton,' achos o'dd e mor fach a nath o 'weud,

'No, no, she'll have this one,' ac o'dd e bownd o fod tua saith cilogram o lobster. O'dd e'n enormous, yn llenwi'r tray!

'Ti moyn i fi fyta hwnna i gyd 'yn hunan?' gofynnes i.

'Wel, helpa i ti, os ei di'n styc.'

Es i ddim yn styc, a bytes i'r cwbwl, ac o'dd Dad yn really gutted bo fi 'di fyta fe i gyd 'yn hunan.

Unwaith, wedi iddo gael ei 'opp' ar ei goes a finne ar 'yn ffordd gatre o'r ysgol, roedd e gatre ar ei ben ei hunan.

O'dd Dad yn hoples 'da'i ffôn, iwsles! Darllen tecst, a neud galwad ffôn, a 'na fe. So, o'n i'n dod 'nôl o'r ysgol, a ges i'r ffôn 'ma wrth Dad. Ro'dd e fel se fe'n swnio'n rhyfedd ar y ffôn. Gofynnes i,

'Ti'n ocê?'

'Odw... odw... fi'n ffein. Grynda ma... ma rhaid i fi fynd.'

'Wel ocê.'

'Dim byd yn bod, jyst siapa hi gatre. Reit ta ra,' fel 'na. Ac o'n i yn meddwl. 'Oh my God, be sy wedi digwydd?' So beltes i hi gatre, ac o'dd Dad yng nghanol y gegin yn ei gader yn gweud,

'PAID SYMUD!'

'Be sy'n bod? Be sy'n bod?'

O'dd y gath 'di cerdded i mewn i'r tŷ – ro'dd Dad yn petrified o nadrodd – ac ro'dd y gath wedi dod i mewn â slow worm massive yn ei cheg, ac o'dd e ddim moyn gneud sŵn rhag ofon i'r gath adel iddi hi gwmpo mas o'i cheg. O'dd e fel 'se fe'n trial peidio codi ofon ar y gath yn y gader, ond bydde'r gader yn gwichian bob tro o'dd e'n trial symud. So, o'dd e'n treial rowlo ei hunan mas o'r stafell yn ei gader, ond ro'dd y gath yn dod yn agosach ato fe, achos bod y gader yn gneud sŵn.

'Dad, beth ti moyn i fi neud 'da'r gath?'

'Jyst cer â hi mas, gloi'

'Reit, come on Celt, mas â ni'.

Wrth iddi hi fynd mas o'dd y neidr hyn rownd ei phen hi'n mynd yn nyts! O'dd e'n horrible! A Dad yn gweiddi, 'Mas â hi, out!'

Do'dd e ddim yn hoffi pethe sy'n hedfan 'fyd, a finne 'run peth ag e. Pan ges i 'ngeni, nath y bat hyn hedfan i mewn i'r stafell. Achos ei bod hi'n dwym yng nghanol haf, o'dd y ffenestri i gyd ar agor yn yr hospital, a hedfanodd bat i mewn! O'dd Mam yn cwato fi, i gadw fi'n saff, a Dad yn rhedeg rownd y stafell fel banshee yn gweiddi,

'Get it out! Get it out!!'

'Nath e ddal y bat yn y cornel mewn bin, yna cydiodd e ynddo fe, er bod ofon pob dim sy'n hedfan arno fe, a'i dwlu fe mas drwy'r ffenest. O'dd, ro'dd e'n galler bod yn ddewr pan o'dd isie bod.

Nanette Jones

Wel, ma shwt storis amdano fe. Dwi'n cofio un tro, hefanodd Robin Goch i mewn i'r tŷ, a dwi ddim yn hoff iawn o unrhyw beth fel yna. Ffones i Raymond am help.

'Paid â phoeni,' wedodd e tough toenails, 'bydda i lawr nawr i dy weld ti.'

Wel, sa' i'n gwbod pa un ohonon ni o'dd â fwya o ofon – yr aderyn bach, fi neu Raymond! Aeth popeth yn ffradach. O'dd mwy o sgrechen yn dod oddi wrtho Raymond nag o'dd yn dod o'r deryn bach!

Cofio am un achlysur arbennig arall a hynny mewn priodas. O'dd hi'n briodas arbennig. I droi stori hir yn fyr, ar y nosweth, ro'dd Mari wedi mynd i'r gwely, dim ond Raymond, fi a Martin o'dd ar ôl. Pan benderfynon ni fynd i'r gwely gwelon ni fod drws y gwesty wedi cau, felly ble ro'dd e'n mynd i gysgu? Gyda ni? Cysgu wedes i? Rhwng Martin a Raymond yn chwyrnu, methes i gysgu winc, felly eistedd yn y gader trwy'r nos wnes i. Dyna beth o'dd nosweth hir.

Sarra Elgan

Rhyw wthnos ar ôl i Grav weld Simon yn y gêm a gweud 'tho fe bo fi'n edrych yn hyfryd, daeth e ar raglen ro'n i'n gweithio arni ar S4C ar y pryd, *Noc Noc*. Rhaglen o'dd hi lle roedden ni'n ymweld â thai gwylwyr ifanc, a bydden ni'n gwneud rhaglen o awr yn fyw o'r tŷ hwnnw mewn gwahanol ystafelloedd. O'n i'n cyflwyno'r rhaglen gyda Rhodri Owen ar y pryd. Grav oedd un o'r gwestai, ac anghofia i byth mohono fe'n dod i mewn i ystafell fyw y teulu o'dd ar y rhaglen yr wythnos honno.

'Oh Sarra,' medde fe, 'weles i Simon wthnos diwetha, ac ro'dd e'n devastated. O'dd e'n absolutely devastated!'

Sa i'n credu ei fod e'n devastated o gwbwl i fod yn hollol onest, ond 'na beth wedodd Grav wrtha i, 'O'dd e'n devastated!' Ac un peth arall wedodd Grav wrtha i, 'Meddylia am y babis, Sarra. Meddylia am y babis. Hanner Cymraeg a hanner Gwyddelig. Perfect mix! Perfect mix!'

O'dd e'n berson arbennig iawn, o'dd 'da fe'r gallu i wneud i bawb deimlo'n ffantastig, ac os o'dd e'n meddwl bod rhywbeth yn reit, ro'dd e'n benderfynol o wneud iddo fe weithio. A 'na beth nath e gyda Simon a fi, a bellach dw i mor falch ac mae Simon mor falch (yn amlwg! Ha ha!), bod e wedi ymyrryd.

Roedd hi'n hyfryd iawn i gael Grav a Mari yn y briodas, ro'dd e'n arbennig iawn i ni, a 'nethon ni adrodd y stori hon yn y briodas Felly, ma 'da ni lot fawr o ddyled i Grav.

Elin Hefin

Rhyw dri deg pump o flynyddoedd yn ôl, ro'dd John a fi'n byw yng Nghaerdydd, yn Nhreganna ac roedd Ray wrthi yn ei anterth. Yn y cyfnod 'na bydde Ray yn galw yn ddyddiol yn swyddfa Radio Wales. Roedd e'n casáu gadael Mynydd y Garreg a Sir Gâr, ond bydde fe'n dal i ddod bob dydd i'n gweld ni. A dwi'n credu bod e wedi dysgu lot fawr. O'dd bod ar Radio Wales a siarad da'r holl bobol amrywiol 'ma, all walks of life, wi'n credu bod e wedi dysgu lot fawr achos o'dd e fel sbwnj yn cymryd pethe mewn. O'dd e'n ffast, yn glyfar, ddim wedi cael coleg, ond diawch, ro'dd e'n un mor gyflym a ffraeth.

O'dd John a fi newydd briodi yn '85 a Ray yn hanner byw gyda ni ac roedd hynny yno'i hunan yn lot fawr o sbort. Odden ni i gyd yn smoco yn ofnadwy o drwm ar y pryd ac yn yfed 'fyd. Smoco sigaréts Gwyddelig ac yfed wisgi Gwyddelig fel se fe'n mynd mas o ffasiwn.

Ym mhen tipyn roddwn i'n disgwyl babi ac fel aeth y misoedd yn eu blaenau, o'dd Ray yn cymryd mwy a mwy o ddiddordeb, 'El fach, El fach, El, El, El.' A finne'n dweud, 'Ie wi'n ffein, ie, ie.' Ac o'n i wedi bod yn darllen llyfre, fel mae rhywun pan ma nhw'n disgwyl babi ac o'n i wedi darllen, yn y stages ola o roi genedigaeth, bod y coese yn mynd yn oer, apparently. O, wel, 'na ni, o'dd yn rhaid iddo fe ga'l y syniad 'ma, 'Reit, fi'n mynd i roi sane ro'n i'n eu gwisgo i chware i Gymru i ti, a gei di 'u gwisgo nhw, El. Byddi di'n ffein wedyn, grêt!' So, dyna be ddigwyddodd, es i a gwisgo'r sane 'ma ac yn wir gath Meg ei geni rhwng y sane coch.

O'dd e'n rhoi popeth i bawb. Nath e roi, fi'n credu, pob crys gêm ryngwladol, ei gapiau, roth e beil o'i gryse i ryw Glwb Rygbi, dwi ddim yn cofio lle, a nath y clwb rygbi gau lawr ac yn wir, nathon nhw ffeindo rhai o gryse Ray yn yr atic ond yn y diwedd cafodd Mari nhw'n ôl. O'dd e'n rhoi pethe fel Blazers Lions i bobl, o'dd e jyst mor garedig. Ro'dd e'n garedig gyda'i amser a gyda'i sylw. Yn amal iawn bydden ni'n mynd mas am bryd o fwyd, y tri ohonon ni, ac ro'dd John yn hael iawn, iawn hefyd. Cyn i'r pryd orffen, fe fydde'r ddau wedi esgus mynd i'r tŷ bach, neu roi carden yn barod i'r weitres, a bydde hi wastad yn gystadleuaeth pwy fydde'n talu, nid pwy o'dd yn galler osgoi talu.

O'dd e'n gallu bod yn ansicr hefyd. Odden ni'n teithio lot gyda fe o gwmpas y lle, mynd i Lundain, a phan o'n i'n cynhyrchu *Jabas* yn y Gogledd bydde John a fe'n dod lan i aros 'da fi am weekend a bydde fe'n dod i'r Borth yn amal iawn hefyd. O'dd e'n siarad gyda phawb. Fodd bynnag, os o'dd e'n dod ar draws rhywun o'dd chydig bach yn 'Who the hell are you?' neu chydig bach yn stiff, wel bant â fe, o'dd e'n benderfynol o ga'l nhw i siarad 'da fe. Fi'n cofio bod yn Llundain, a fe a fi'n sefyll mewn ciw er mwyn ca'l ffonio John. Ro'dd John wedi mynd off i wneud rhyw waith, ac o'dd 'na rhyw fenyw tu ôl i ni yn y ciw, poker faced, real...

Paid â boddran, Ray, wir i ti. Ti ddim yn mynd i graco hon, ond yn ddi-ffael, bydde fe wastad yn ca'l y bobl mwya stiff, mwya surbwch i chwerthin.

Mae 'na un stori, dwi'n meddwl sy'n eitha dadlennol. Pan odden ni'n byw yn y Borth, bydde Aberystwyth, bob haf, yn denu llawer o Iddewon. Roedden nhw'n dod i aros yn y Brifysgol, a chael gwyliau rhad. Bydde Cymdeithasau Iddewig yn dod o bobman. Doedden nhw ddim trafferth o gwbwl, ond roedd hi'n anodd iawn torri trwyddo i'w cael nhw i ddweud helô, hyd yn oed. Dwi'n cofio dod ar y trên o Birmingham unwaith a symud er mwyn iddyn nhw gael eistedd gyda'i gilydd. Dim diolch, dim cydnabyddiaeth, dim byd. So, ro'n ni i gyd ar y dec un diwrnod yn y Borth yn edrych mas ar y môr ac o'dd 'na deulu o Iddewon yn eistedd 'da'i gilydd ar y traeth. 'Ray, anghofia amdanyn nhw, ma nhw'n really cadw'u hunain i'w hunain ac yn eitha arrogant mewn ffordd.' 'O!'

Dim ond un goes oedd ganddo fe erbyn hynny, a crytshys. Fi'n galler 'i weld e nawr yn mynd lawr ar y traeth, mynd ar hyd y cerrig mân a mynd lan at y teulu bach 'ma o'dd yn eistedd 'na. Ac wrth gwrs, ro'n ni'n eistedd 'na ac yn ei wylio fe o bell ac yn meddwl, ma fe'n mynd i lwyddo, ac erbyn y diwedd o'dd y bobl 'ma yn byta mas o'i ddwylo fe. Roedden ni'n dal ar y dec a phan ddethon nhw lan heibio i ni wrth adael, fel arfer bydden nhw'n mynd heibio ac yn anwybyddu ni'n llwyr, ond daethon nhw lan aton ni a phwyso ar y ffens er mwyn siarad gyda ni i gyd. Ro'dd e wedi llwyddo unwaith 'to! Felly roedd ansicrwydd oedd, mewn un ffordd, ond roedd 'na hyder anferth hefyd.

Mynd nôl i'r 80au, fel ro'n i'n dweud ro'dd e'n hanner byw 'da ni. Dwi'n cofio unwaith, o'dd rhywun yn dod rownd y tŷ i wacso 'nghoese i. O'n i lan llofft ac ro'n i'n gorfedd lawr ac ro'dd y ferch 'ma wrthi'n wacso. Fe ganodd y ffôn, Ray o'dd yno, a wedes i 'Oh, Hi Ray.' O'n i'n benderfynol o beidio dweud wrtho fe be o'dd yn digwydd achos o'n i'n meddwl...

'El, El! Be sy'n bod?' O'dd e'n sensitif iawn, o'dd yr eneth yn wacso ac o'n i'n tensio ac roedd fy llais yn newid wrth i'r boen daro. Ddim bo fi'n gwneud sŵn, ond o'dd e'n synhwyro bod 'na rywbeth yn wahanol yn 'yn llais i. Wel, ro'dd e'n siŵr bod rhywun wedi torri i mewn, a bod 'na rywun yn trio gwneud rhywbeth i fi.

'Wi'n dod lan nawr, fi'n dod nawr,' mynte fe. O'dd e lawr gatre yn Mynydd y Garreg.

'Ray, sori, ma rhaid i fi ddweud 'tha ti, te. Dw i'n ocê, ma merch 'ma'n wacso 'y nghocsc i.'

O, o'dd e'n olreit wedyn.

Janet Rowlands

Pan oedd y merched yn fach, y bedair ohonyn nhw, Manon a Gwenan 'da Mari a Grav, a Sioned a Sarah 'da Geraint a finne, yr adeg hynny y *Teletubbies* o'dd yn hawlio'r sylw ar deledu plant. Wrth gwrs o'dd y merched yn obsessed 'da'r *Teletubbies*, a'r rhieni hefyd, yn dawel fach wedi dechrau mynd yn obsessed gyda nhw, fi'n credu. Ro'dd y merched i gyd moyn casglu holl deganau meddal y *Teletubbies* ac ro'dd pawb yn chwilio am y teganau hyn yn y siopau fel Toys 'R' Us a llefydd fel'na. Roedd y galw amdanyn nhw gymaint fel yn amal do'dd dim un ar ôl yn y siope. Wel ro'dd y Gravells a'r Rowlandses wedi llwyddo i gael Tinky Winky, Dipsy a Po, ond ma pedwar ohonyn nhw a Laa-Laa wrth gwrs o'dd yr un o'dd ddim ar ga'l yn unman, mewn unrhyw siop yn ne Cymru.

Wel, roedd Dafydd Rowlands, fy nhad yng nghyfraith, yn Archdderwydd ar y pryd yn mynd mas gydag aelodau'r Orsedd i Iwerddon i ryw gyfarfod. O'dd hi wedi dod yn fusnes teuluol nawr i'r ddau deulu ffindio Laa-Laa. Wel, mas â Dafydd i Iwerddon a rhwng cyfarfodydd yng nghwmni Jim Parcnest, dwi'n credu, aethon nhw rownd y siope tegane yn Nulyn, a holi a oedd Laa-Laa ar gael? Wel, o'r diwedd dyma alwad ffôn yn dod o Iwerddon, ar ôl rhyw ddau ddiwrnod, un ato i ac un at Mari a Grav. Dafydd o Iwerddon, 'Peidiwch â becso,' mynte fe, 'ni wedi ffeindio Laa-Laa.' A 'nôl o Iwerddon daeth dau Laa-Laa, un i'r Gravells ac un i ni, felly roedd y ddwy set yn gyflawn a phawb yn hapus iawn. Ymateb Grav o'dd fwya arbennig serch hynny, ro'dd e wedi cyffroi i gyd, ro'dd e fel dyn gwyllt ac mor ddiolchgar i Dafydd, am ei fod e wedi treulio amser prin yr Orsedd yn crwydro strydoedd Dulyn yn chwilio am Laa-Laa. Wrth gwrs gethon ni ddim anghofio am hynny am flynyddoedd wedyn. Cafodd y *Teletubbies*, ac yn enwedig Laa-Laa, le arbennig ym Mrynhyfryd am sawl blwyddyn wedyn.

Un noson da'th y Gravells draw i'n tŷ ni ac ro'n ni wedi archebu Indian Take Away. Ma lle ry'n ni'n byw ar y Graig ychydig bach yn anghysbell ac ro'n ni wedi ordro delivery oddi wrth yr Indian yn y pentre. Ffono ni am saith o'r gloch a 'Right, yes, it'll be with you in half an hour,' oedd yr ymateb. Dyma hanner awr wedi saith yn dod, dim byd, wyth o'r gloch, dim sôn amdanyn nhw, a dyna lle ro'n ni yn dala i ddisgwyl. Cofiwch, erbyn hyn ro'dd y gwin wedi dechre llifo, ond hyd yn oed wedyn roedden ni'n dechre diflasu wrth aros am yr Indian. Hanner awr wedi wyth, dim byd, so dyma fi'n ffono tua chwarter i naw,

'Look, where is the Indian, we orderd at 7? Where are you?'

'We're on the way, we're on the way, we're on the way! We think we've found you.'

So dyma Grav yn mynd yn excited reit nawr, ro'dd y bwyd wedi cyrraedd ac ro'dd e'n starfo! O'dd balconi 'da ni ar ffrynt y tŷ, ar yr ail lawr, so mas â Grav i'r balconi ar yr ail lawr. O'dd hi'n nosweth dywyll, glir a thawel iawn yng Nghraig-cefn-parc, a'r peth nesa, gwelodd Grav y golau yn dod lan yr hewl fach a dyma fe'n dechre gweiddi dros y pentre i gyd 'The Indians are coming! The Indians are coming!' a dyna'r croeso gath y take away yn ein tŷ ni y nosweth honno.

Oedden ni'n arfer mynd bant lot fel dau deulu pan o'dd y merched eto'n weddol ifanc, a fi'n cofio un flwyddyn aethon ni i gyfeiriad Evesham. Ro'n ni'n mynd i Evesham lot ac i gyfeiriad Stratford achos fan 'na o'dd gwlad y Telly Tubby hefyd. Fi'n cofio y bydden ni'n byta mas bob amser, naill ai yn y gwesty neu mas amser cinio, mewn pa fwyty bynnag fydden ni wedi'i ffansïo. Chwech ohonon ni o'dd pryd hyn, o'dd Manon a Sioned gyda ni ond do'dd Gwenan na Sarah ddim wedi cael eu geni. Dwi'n credu bod Mari a fi'n disgwyl. Bydden ni'n cerdded i mewn i unrhyw fwyty, neu westy, a Grav wrth gwrs fydde wastad yn gofyn am ford, a'r un fydde'r llinell bob tro ym mhob tŷ bwyta, bydde fe'n dweud yn llawn brwdfrydedd a balchder yn ei lais mawr, 'Table for six, please, and two high chairs!' A dyna fel buodd hi am sbel, nes bod hi'n mynd yn 'Table for eight, please, and four high chairs!'

Mansel Thomas, Mynydd y Garreg

Ma 'da fi gyfres o atgofion am Ray.

Roedd cyngerdd yn Neuadd Mynydd y Garreg i godi arian ar gyfer Uned Gofal y Fron yn ysbyty Llanelli. Dwi'n cofio Ray yn dod â phrint o waith Meirion Roberts i'r ocsiwn. Ro'dd e'n brint enwog iawn o Carwyn James a charfan y Sgarlets wnaeth guro y Crysiau Duon. Fe werthwyd y print am £200. Y person wnaeth ei brynu fe oedd Ray ei hunan ac ar ddiwedd y cyngerdd fe gyflwynodd y print i Simon Holt, yr arbenigwr ar ganser y fron yn Llanelli.

Rhyw brynhawn Sadwrn roedd Llanelli yn chwarae yn erbyn Abertawe. Y ddau asgellwr yn nhîm Abertawe oedd Arthur Emyr, asgellwr Cymru, a Tony Swift, asgellwr Lloegr. Cyn i'r gêm ddechre dyma Grav yn taranu i mewn i ystafell wisgo Abertawe. Edrychodd o gwmpas cyn bloeddio ei gyfarchiad, 'Arthur Emyr and Tony Swift – you call yourselves wings? I've seen better wings on a bloody blackbird.'

Roedd rhywbeth o hyd yn bod ar Ray. Roedd y ddau ohonon ni'n ffilmio mewn tafarn yn Nhrefdraeth ar gyfer *Darn o Dir* un diwrnod. Roedd e'n argyhoeddedig bod 'da fe glust dost.

'Mans edrycha miwn i 'nghlust i, neud di... ti'n galler gweld rhwbeth?'

'Bugger all, Ray.'

Fe ges i hyn drwy'r prynhawn – yr un oedd y gân, 'Edrych 'to wnei di, ma rhaid bod rhwbeth 'na.'

Roedd edrych mewn i'w glust e drwy'r prynhawn yn dechre mynd ar 'yn nerfe i ac o'r diwedd fe ddwedes i wrtho fe, 'Diawch Ray ma popeth yn glir rwy'n gallu gweld trwyddo, mas i'r ochor arall.' Fe wellodd y glust yn ddisymwth wedyn.

Byddai Ray yn ddigon parod i wneud unrhyw beth i helpu pawb a phobun. Wel, bron unrhyw beth. Roedd 'da Mynydd y Garreg dîm criced yn chware mewn cystadleuaeth rhwng y pentrefi. Fe ofynnes iddo sawl gwaith a fydde fe'n galler chware i ni ond, 'Na,' fydde'r ateb bob tro. Bydde fe'n dod o hyd i ryw esgus, cofiwch, bob tro. Ond pan es i gam ymhellach a holi pam, daeth yr ateb fel ergyd, 'Ma ofon y bêl arna i.'

Mae stori arall amdano am ddigwyddiad yn fyw ar Radio Cymru. Roedd Ray yn cyflwyno rhaglen yn fyw o dafarn y Llew Coch, Llandyfaelog. Roedd ci o'r enw Henri yn y tafarn ac yn enwog am ei ganu. Ar y pryd ro'dd gŵr a gwraig o'r Iseldiroedd, a hithe yn glamp o fenyw yn aros yn y Llew Coch. Uchafbwynt yr eitem oedd cael y ci i ganu. A chwarae teg roedd Henri mewn hwylie da ac yn bwrw y top notes. Roedd y wraig o'r Iseldiroedd wedi ymgolli'n llwyr wrth wrando ar lais nefolaidd Henri a dyma hi'n llithro'n raddol i lawr ei sedd nes iddi yn y diwedd gwmpo'n garlibwns ar y llawr. Fe gafodd gwrandawyr Radio Cymru sylwebeth liwgar gan Ray yn disgrifio'r digwyddiad gan egluro fod 'wompen o fenyw wedi cwmpo ar i thin mewn rhyfeddod wrth wrando ar ddawn gerddorol Henri.' Doedd hi ddim yn deall Cymraeg, diolch byth.

Ar ddydd Sadwrn arall roedd Pen-y-bont yn chwarae yn erbyn Llanelli ym Mhen-y-bont ac yn chwarae i Lanelli roedd J J Williams. Roedd J J newydd adael Pen-y-bont ac felly roedd yn disgwyl croeso eitha cynnes gan ei gyn-chwaraewyr. Yn y dyddiau cyn y gêm roedd J B G Thomas o'r *Western Mail* wedi disgrifio Ray fel y canolwr gorau yng Nghymru. Yn yr ystafell newid roedd Ray yn mynd o gwmpas pawb gan holi oedden nhw'n credu taw fe oedd canolwr gorau Cymru. Ond yn ystod y gêm dyma Ray yn rhoi hospital pass i J J. Druan o J J, derbyniodd y bêl a'r dacl yr un pryd. Roedd mewn tipyn o boen ar y llawr a dyma Ray lan ato fe a'r unig gyfarchiad gafodd e oedd y cwestiwn, 'J J, do you think that I'm the best centre in Wales?'

Sylwebyddion

Huw Llywelyn Davies

Onllwyn Brace o'dd ein pennaeth ni pan ddechreuson ni ddarlledu'r rygbi yn Gymraeg ar S4C, ac fe roddodd y cynnig i Grav ymuno â'r tîm. O'dd hi'n dipyn o fenter i fynd yn llawn amser bryd hynny ar S4C, a Grav o'dd y cymeriad amlwg, dw i'n meddwl, i ymuno 'da ni. O'dd e'n wych i ni yn y cyfnod yna. Nid dadansoddwr mohono, fuodd e byth yn ddadansoddwr, o'dd e jyst yn ffan ac ro'dd e'n trosglwyddo'r brwdfrydedd 'na i'r gwrandawyr a'r gwylwyr. O'dd e mor bwysig yn y cyfnod, pan o'n ni'n dechre ac yn treial sefydlu'r gwasanaeth. Gan ei fod e'n gymeriad mor annwyl gan bawb ro'dd e'n ffigwr allweddol yn y llwyddiant cynnar hynny. Gwnaeth Onllwyn gynnig iddo,

'Ti ishe ymuno?'

'Wrth gwrs,' achos ro'dd e'n dwli ar y camera a'r meicroffon.

Yna 'wedodd Onllwyn wrtho fe, 'Ond os ti'n dod aton ni, bydd rhaid i ti roi lan chware.'

A holodd Grav 'Pam?'

'Wel, bydd rhaid i ti fod yn unbiased ti'n gweld, pan ti'n dod ar yr awyr.'

'Ond Onkers,' Onkers o'dd e'n ei alw fe, 'Onkers, Onkers, 485 games for Llanelli, Phil May is the only one who's played over 500, please can I...'

Ond wedodd Onllwyn wrtho fe 'Grav, no.'

O'dd y ddau yn gallu siarad Cymraeg, ond o'dd Onllwyn yn siarad mwy o Saesneg efalle, a wedodd Onllwyn wrtho,

'Na, na, os ti'n dod aton ni, got to finish playing, because, from the start, I can't stand people saying why have they got a Llanelli player talking, but it's up to you.' Yna 'wedodd e wrth Grav, 'Is it the BBC or Llanelli RFC who's likely to pay your mortgage?'

O'dd hyn yn y cyfnod amatur. A wedodd Grav wrtho fe,

'Shows how much you know about the treasurer in Llanelli!'

Ond dod on board wnaeth e.

Cofio hanes y gêm ryngwladol gynta wnaethon ni. Y darllediad byw cyntaf. O'dd Grav wedi bod yn gyndyn iawn i roi lan chware, o'dd e'n naturiol, yn dwli ar eilunaddoliad cefnogwyr y Sgarlets a Chymru. Felly, cyn y gêm gynta, a dwi'n cofio, oedden nhw'n ail-wneud y stadiwm ar y pryd, 1983 o'dd hi, Cymry yn erbyn Lloegr ar ddechre'r mis bach. 'Grav, reit, biga i di lan yn y BBC,' wedes i wrtho fe. Ond na, ro'dd rhaid cwrdd yn yr Angel, lle ro'dd tîm Cymru yn aros wrth gwrs, fel bod e'n gallu bod yn rhan o'r cyffro hwnnw, ynghanol y cefnogwyr i gyd. Wedyn, cerdded draw nawr dros yr hewl, a fe halon ni tua hanner awr i groesi Westgate Street, a lawr â ni i'r twnnel a oedd yn mynd â ni draw i'r stand. Ro'dd yn pwynt sylwebu ni yr ochr draw, a do'dd dim byd arall yna, do'dd dim stand 'na, dim ond ysgol, a rhyw focs mawr, lle o'n nhw wedi ein gosod ni i sylwebu. So wedes i, awn ni trwy'r twnnel nawr ac awn ni draw i'r ochor draw.

'Na, ddim trwy'r twnnel. Na.' Ro'dd yn rhaid i ni fynd 'o flaen y crowd' wedodd e, felly, roedden ni'n gorfod cerdded rownd nawr, o flaen y dorf, fel bod e unwaith eto'n gallu codi'i law ar bawb, a phawb yn 'i nabod e, wrth gwrs. 'Duw, helô Grav!' o'dd y gri. Wedi 'ny athon ni heibio'r cwt 'ma ac o fan 'ny ro'dd *Grandstand* yn darlledu y p'nawn hwnnw. Wrth i ni fynd heibio dyma Grav yn holi,

'Pwy sy draw fan'na te?' a finne'n ateb 'mod i'n credu ma'r rhwydwaith o'dd yn darlledu yno.

'Pwy sy 'da nhw 'na te?'

Ro'dd Bill Beaumont i mewn 'da nhw – Bill o'dd capten Grav ar y daith a'th e gyda'r Llewod i Dde Affrica.

'O, falle slipa i draw 'na nawr, i godi llaw ar Bill,' medde Graf.

'Elli di byth, ychan, ni ar yr awyr nawr cyn bo hir.'

O'dd pawb yn eitha nerfus ac Onllwyn lan yn y bocs yn aros amdanon ni, a phawb yn meddwl sut ma hwn yn mynd i weithio. Ydy e'n mynd i gael 'i dderbyn? Pawb ar flaenau'u traed. Wedodd Grav,

'Bydda i 'da ti nawr mewn dwy funed.'

Wedes i wrtho fe, 'Dere gyda fi nawr, Grav.'

'Na, na jyst mynd i…'

Etho i draw i'r pwynt sylwebu a lan yr ysgol.

'Wherc's Gravell?' holodd Onllwyn.

Wedes i fod e, 'jyst yn gorfod mynd off am ddwy funud fach ac y bydde fe 'ma nawr.'

Ond dodd dim sôn amdano, deg munud, chwarter awr, ugain munud yn mynd heibo, dim sôn am Grav. O'dd Onllwyn erbyn hyn yn benwan! Odden ni tua hanner awr cyn 'kick off', a do'dd yr ail lais yn dal heb gyrradd. Onllwyn yn bygwth,

'He's never going to work for the BBC again. Disgyblaeth, mas o'r ffenest. Dim siâp arno fe. Ble ma fe?'

Aeth Onllwyn ati wedyn i siecio'r peirianne a gwasgu botyme ar y monitor o'dd 'da ni. Yn sydyn iawn beth ddoth ar y monitor? *Grandstand*. Pwy o'dd yn stiwdio *Grandstand*? Ray Gravell gyda Bill Beaumont. Nid yn unig ro'dd e wedi mynd a chodi ei law arno fe, ond ro'dd e rhywsut wedi gweitho'i ffordd i mewn i'r stiwdio ac unwaith o'dd e 'na ro'n nhw'n gorfod ei holi fe. A'th Onllwyn yn balistic!

Ond, typical Grav, cyrhaeddodd e â'i wynt yn ei ddwrn ac Onllwyn yn barod i roi pregeth iddo fe. Cyn iddo gael cyfle medde Grav wrtho, 'Onkers, Onkers I've done it. I've done it. I've told the world we're starting on S4C TODAY.'

Ffaelodd Onllwyn ddweud gair wrtho am gyrraedd mor hwyr ac yntau wedi rhoi'r fath gyhoeddusrwydd i'w raglen.

Trwy'r blynyddoedd i gyd, o'n i wastad yn gweud bod perthynas arbennig rhwng sylwebydd ac ail lais, y sylwebydd sy'n cyffroi a'r ail lais sy'n dod â thipyn bach o sens, gan edrych ychydig yn fwy gwrthrychol ar bethau a thawelu'r sylwebydd. Fi'n credu bod y sefyllfa dipyn bach yn wahanol rhyngddon ni'n dau. Nath e ddim dadansoddi erioed, 'na

pam, i radde, ar ôl cyfnod o ugain mlynedd ffantastig 'da'n
gilydd, y symudodd Ray i lawr i'r ystlys achos wedyn roedd
ei frwdfrydedd e lawr fan 'ny hyd yn oed yn fwy. A dyna pam
ymunodd Gwyn Jones. Mae'r gwahaniaeth rhwng Gwyn a
Grav yn aruthrol, y ddau yn wych yn eu gwahanol ffyrdd,
yndyfe. Bydde chwaraewyr yn dod mas, rhai o bedwar ban
byd, a bydden nhw'n gweld Grav a bydde S4C yn cael y
cyfweliad o flân pawb arall mwy ncu lai achos presenoldeb
Grav. 'O'dd pawb yn 'i nabod e, pawb yn dwli arno fe, ro'dd
e mor onest, mor ddiniwed o onest i radde. Fi'n cofio dweud
wrtho fe mewn rhyw gêm pan o'dd Cymru'n chware ac ynte
mor unllygeidiog ac mor unochrog yn ei sylwade ag arfer.
Ni o'dd popeth, 'O, gobitho gallwn ni ddod mas o fan hyn
nawr!' o'dd un sylw, a wedes i wrtho,

'Grav, tria weud Cymru nid ni.'

'Pam?'

'Fel bod pobl yn meddwl ein bod ni'n weddol deg â'r ddau dîm.'

'@£^%&* weddol deg?' wedodd e, 'weddol deg? Be ti'n meddwl? Ni fan hyn yn siarad Cymrag a ma £$%^*@ Cymru yn whare lawr fan 'na. O's unrhyw un yn fan 'na'n meddwl yn bod ni'n cefnogi unrhyw dîm arall ond Cymru?'

Nath e'm unwaith, yn yr holl flynyddoedd weithies i gyda fe, broffwydo bod Cymru yn mynd i golli. Ei farn e, 'wel fi'n gwbod fod pawb yn meddwl taw... ond i fi'n teimlo heddi...' ac o'dd hynny mewn cyfnod eitha hesb i rygbi Cymru.

Oddwn i'n trio dweud wrtho i fod yn fwy gwrthrychol. Ond, pan fydde fe'n troi lan, bydde 'da fe grys coch, neu o'dd da fe dei coch, sgarff goch. Onllwyn wedodd wrtho fe yn y diwedd 'Ray, ti'n gwbod, just so that you look a little bit more impartial, paid â gwisgo coch i'r gêm.' A drodd o lan am y gêm nesa mas ym Mharis a dim argoel o goch yn unman 'da fe. Onllwyn yn dweud,

'Grav, for once you listened to me boi, diolch yn fawr i ti. Da iawn, I like that. Discipline.'

A Grav yn ateb 'Yes, Onkers, if you tell me boi...'

Reit athon ni drwy'r gêm, a mas â ni, i neud cyfweliade, popeth wedi ei gwblhau, miloedd fan 'na'n dal tu fas i Parc Des Princes yn Ffrainc, Grav yn sydyn yn tynnu 'i drwser bant, ar y palmant tu fas i Parc Des Princes,

'Onkers! Onkers! You didn't think I'd come here with no red at all?'

O'dd 'da fe bâr o bants mor goch ag y galle unrhyw un ei gael. Ar ganol y stryd ynghanol miloedd o gefnogwyr, ei drwser e lawr wrth i bigyrne ac ynte'n wên o glust i glust.

Gareth Charles

Dwi'n cofio Grav yn dwcud stori am un o'i gapiau cynnar, ddim y gêm gynta pan enillodd ei gap gyntaf, ond yr un wedyn dwi'n credu. Ro'dd tipyn o dîm gyda Ffrainc ar y pryd, a Grav yn newydd iawn i'r byd rygbi rhyngwladol 'ma ac yng nghanol y frwydyr yn ffeindio'i hunan ar waelod ryc, a pwy oedd yna gyda fe ond Jean Claude Skrela. Nawr, ro'dd rheng ôl hollol wych 'da Ffrainc ar y pryd: Jean Pierre Rives, 'Poster Boy' rygbi Ffrainc, Jean-Pierre Bastiat, mor brofiadol ac yn anferth, yn gawr o wythwr, ac wedyn Jean Claude Skrela. Skrela oedd y dyn tawel ond y dyn caled. Grav yn gweld e'n gorwedd yno ar y llawr ac fel y dywedodd e wedyn, 'Dwi'm yn gwybod beth gododd yn 'y mhen i!' Ond beth nath e, oedd rhoi ei ddwy law o amgylch gwddwg Skrela, a dechrau ei dagu fe, a gweiddi yn uchel, 'Kill Frogie, Kill Frogie'. 'Na i gyd 'nath Skrela o'dd jyst edrych lan a rhyw wên ar i wyncb e. Tynnodd Grav i ddwylo bant yn syth, a dweud, 'Only joking'!

Anghofia i fyth, y tro cynta erioed i fi fynd i Iwerddon, hcb sôn am fod yn gweithio 'fyd, ro'dd y gêm mas yn Nulyn, a gan mai honno o'dd y tro cynta i fi fod yno, roedd Grav wedi penderfynu y bydde fe'n cymryd fi dan ei adain a 'nhywys i o amgylch un o'i hoff lefydd e yn y byd, Dulyn wrth gwrs. Aethon ni mas yno ar y pnawn dydd Iau a dim gormod i'w wneud, dim bwletinau bob awr, na phethe 'ar-lein', na 'social media' fel sydd erbyn heddi. Felly lan â ni i Baggott ac i dafarn Foley's dwi'n cofio, a chael peint bach tawel gyda Grav, a dyma fe'n gofyn i'r boi tu ôl i'r bar o'dd ffôn i ga'l yno? Do'dd dim ffonau symudol ar gael ar y pryd, ac esboniodd ei fod e eisiau darlledu. Hywel Gwynfryn o'dd yn cyflwyno'r rhaglenni pnawn ar Radio Cymru ar y pryd ac ro'dd e eisiau gwneud cyfraniad i raglen Hywel Gwynfryn. Dwi'm yn siŵr a o'dd Gwynfryn ei hunan yn gwbod, ac a o'dd eitem wedi cael ei threfnu, neu falle mai Grav oedd jyst eisie gwneud. Ta p'un 'ny, 'ma ni'n cael ffôn a chafodd Grav nhw i'n ffono ni'n ôl. Felly ro'dd e'n fyw ar y rhaglen gyda Hywel Gwynfryn ac yn traethu am bopeth yn ffantastig ac ro'dd rhaid rhoi fi ar y ffôn wedyn achos mai hwnnw o'dd y tro cynta erioed i fi fod yn Nulyn. Felly ces i air gyda Gwynfryn hefyd. Grêt, a dyma'r sgwrs drosodd.

Roedd na foi yn sefyll wrth ein hochor ni wrth y bar ac yn edrych yn drwsiadus iawn mewn siwt gyflawn gyda wasgod, a 'ma fe'n gofyn i Grav, 'Oh, what language was that?' a Grav yn ateb 'Cymraeg, Welsh' ac wrth gwrs, 'bwmff' ro'dd Grav a fe yn bwrw hi bant yn syth. Ac fel mae'n digwydd, jyst cyd-ddigwyddiad, ro'dd e'n aelod o'r Garda, a fe o'dd gyrrwr personol y Taoiseach, sef Prif Weinidog Iwerddon. Ro'dd e newydd orffen shifft ac wedi galw i mewn yn Foley's ar y ffordd gartre. Mynnodd e wedyn ddreifio Grav a fi o amgylch Dulyn am weddill y diwrnod. O'dd Grav eisiau mynd i'r Brazen Head, tafarn hynaf Dulyn, i ddangos y dafarn i fi ac eisie galw mewn yn y Swan, achos y boi o'dd yn rhedeg y Swan o'dd Sean Lynch ac ro'dd Grav wedi bod ar daith y Llewod gyda fe rai blynydde ynghynt. Ro'dd y Swan mewn ardal ryff iawn yn Nulyn. Parco tu fas a rhyw grwtyn bach yn dod lan, a mwd ar ei wyneb e yn ei shorts yn fan'na a'r dyn o'dd wedi bod yn dreifo ni o gwmpas yng nghar y Prif Weinidog yn dweud wrtho, 'This is the Taoiseach's car so you look after it, make sure that nobody touches it!' a rhoi rhyw swlltyn bach yn ei law e. A fan'na buon ni trwy'r dydd. Gathon ni wedyn barti yn lle'r Garda y noson honno, gan fod noson 'da nhw'n digwydd bod wedi'i threfnu. Dyna i chi Grav, sut o'dd e'n gallu creu ac ennill perthynas gyda rhywun mewn amrantiad a wedyn eu cofio nhw am byth.

Fy hoff stori am Grav fel darlledwr. Ro'dd e a Frank Hennessy yn arfer gwneud rhaglen ar Radio Wales o'r enw *Street Life*, rhaglen ganol bore o'dd hi, cymysgedd arferol o gerddoriaeth a sgyrsiau. Bydden nhw'n ca'l arbenigwyr i mewn: arbenigwyr ariannol, arbenigwyr ar arddio, arbenigwyr coginio ac arbenigwr meddygol. Un bore, Grav o'dd wrthi ar y meic ac roedd y doctor i mewn, ac fe gafodd e alwad ffôn. 'Reit mae Mrs Jones o Gaerffili ar y lein nawr te. Nawr te, Mrs Jones, ma'r Doctor yn gwrando yn fan hyn, beth yw'r broblem, Mrs Jones?'

'O wel, ma fy mab i, 'y nghrwtyn bach i, mae e rhyw ddwy oed, a mae e... ma fe... dio'm yn stopo chware gyda'i hunan. Dwi'm eisie rhoi gormod o gerydd iddo fe, dwi'm eisie rhoi clowten iddo fe na dim byd achos, galle hwnna ga'l effeth seicolegol, dwi'm eisie gweiddi arno fe achos dwi wedi clywed y galle hynny fod yn 'drawmatig' iddo fe pan fydd e'n hynach. Ond mae fe jyst yn chware gyda'i hunan trwy'r amser a... a fi jyst isie gwbod be ddylwn i neud?

'Wel, dyna ni Doc,' meddai Grav "na'r broblem sy 'da Mrs Jones. Beth yw'r ateb, te?'

A dyma'r Doctor yn dweud, 'Mrs Jones, nawr, y peth cynta, peidiwch becso. Mae e jyst yn beth naturiol iawn. Braf iawn clywed bod chi'n poeni, ond chi'n eitha iawn, peidiwch â'i daro fe na gneud dim byd fel 'na iddo fe. Ond alla i jyst ddweud 'tha chi, mae e jyst yn fater o brofiad, o dyfu lan. Mae e'n ffeindio profiadau newydd, mae e'n ffeindio pethe mas amdano fe'i hunan, felly sdim eisie i chi boeni dim o gwbwl.'

A Grav, yn fyw ar yr awyr ar Radio Wales yn dweud, 'Ie, 'na ni Mrs Jones, cyngor da iawn gan y Doc yn fanna, ac os yw e o unrhyw gysur i chi, fi'n dal i neud e!'

Bois bach, ma 'na golled ar ei ôl e, on'd os e?

Nic Parry

Dwi'n mynd yn ôl bron i bymtheng mlynedd ar hugain. Roedd y cyfnod yn un cyffrous ym myd darlledu yng Nghymru, S4C yn ei phlentyndod, a finne wedi fy newis i sylwebu ar gyfres o ornestau Reslo o bopeth. Fel y gellir dychmygu, roedd y diddordeb o flaen llaw yn aruthrol ac ymysg y prif resymau am hynny oedd y cyhoeddiad mai'r arwr o Gymro, y Llew, Ray Gravell, fyddai'n cyflwyno'r gyfres.

Ei garedigrwydd sy wedi aros efo fi. Dwi'n cofio unwaith

anfon gair ato wedi ei gyfeirio at ein 'Caradog Caredig'. Fel ffan enfawr o Dafydd Iwan, gwyddai yn iawn am Caradog y Cawr ac roedd wrth ei fodd efo f'enw i iddo. Ond roedd sail gadarn imi ei fedyddio felly a dwi'n cofio tair enghraifft o'i garedigrwydd a'i ofal tyner drosta i.

A ninnau ar drothwy ein darllediad cyntaf un erioed o *Reslo*, roedd pawb mor nerfus ac ansicr, Ray, fel y byddai wastad, yn aflonydd, yn holi a oedd o'n edrych yn iawn, yn swnio yn iawn, yn dweud y pethau iawn, ac yna, daeth yr amser i roi'r sylwebaeth gyntaf ar gamp hollol newydd.

Wrth imi godi'r meic at fy ngwefusau, dyma deimlo'r llaw gadarn 'ma ar fy ysgwydd a'r geiriau yn cael eu sibrwd yn fy nghlustiau – 'Cofia, Nic; do's neb yn gwbod mwy am Reslo na ti.' Celwydd noeth wrth gwrs, ond geiriau dyn oedd, ynghanol ei nerfusrwydd ei hun, yn amlwg wedi sylwi 'mod innau hefyd yn nerfus ac am roddi help a chefnogaeth i mi; roedd y sylwebaeth, o ganlyniad, yn gymaint mwy hyderus o'r herwydd.

Un o nodweddion amlycaf, ac yn aml mwyaf digri, y gyfres oedd gwrando ar ein dyfarnwyr, Gwyddelod yn aml, yn gwneud eu gorau i gyfri o un i ddeg yn y Gymraeg. Roedd y peth yn loes mawr, yn wir yn artaith iddyn nhw ac yn achosi trawma bron iawn cyn cychwyn gornest. O fewn munudau yn unig i un recordiad roedd Ray ar goll, pawb yn barod ond dim cyflwynydd a phawb yn brysio i chwilio amdano. Ble roedd o? Yn ei gwman mewn cornel dywyll, lychlyd yng nghefn y llwyfan yn rhoi gwers funud olaf un mewn cyfri yn y Gymraeg i ddau ddyfarnwr. Welodd o mohona i, ond fe'i clywais i o, yn annog, yn canmol hyd yn oed pan ddeuai 'pump' fel 'wmp' ac yn gwneud hynny efo'i frwdfrydedd nodweddiadol. Roedd y dyfarnwyr yn gwenu'n braf ac fe fyddent yn camu i'r sgwâr yn hapus hyderus a hynny gan i gawr gwylaidd roi ei amser prin i'w helpu.

Ond efalle mai'r enghraifft orau o'i ofal, oherwydd bod hynny wedi ei glymu â sensitifrwydd, oedd yr adeg pan ofynnwyd i ni, fel tîm cyflwyno, adael i'r reslwyr ein rhoi a'n dal ni mewn ambell un o'r 'holds'. Roedd yr ymaflwyr 'ma yn gewri ac yn aml yn ddigon garw. Un o'r gafaeliadau ar y fwydlen oedd ein troi ar ein hwyneb, gwthio ein coesau i fyny'n cefnau gan dynnu ein breichiau am yn ôl i ffurfio siâp cranc. Ray aeth gyntaf a phan gododd, fe ddywedodd yn syth, 'Fe wna i e i Nic,' ac fe wnaeth, efo gofal oedd bron yn dyner, ond heb fradychu hynny o flaen y gweddill oedd yn gwylio.

Mae'n rhaid ei fod wedi gweld rhywbeth yn fy llygaid tra 'mod i'n gwylio'r lleill wrthi; ddywedodd o'r un gair, dim ond dweud mai fe fyddai'n gafael yno i – doedd na'm awgrym o awydd i fy mychanu, dim ond i ofalu amdana i.

Anghofia i fyth ei gwmni, ei hwyl afiaethus ond uwchlaw pob dim, ei garedigrwydd gofalus.

Eleri Siôn

Pan o'n i yn y Coleg y cwrddes i â Grav am y tro cynta. Ro'n i wedi dechre gweithio yn Adran Chwaraeon BBC Cymru ar ddyddie Sadwrn yn fy mlwyddyn ola ac fe wnaeth ein llwybrau groesi. Fel cefnogwraig, bydde cwrdd ag unrhyw gyn-chwaraewr rhyngwladol yn dipyn o achlysur ond roedd cwrdd â Grav ar lefel arall gan ei fod e'n seren ar deledu hefyd ac wedi ennill ei blwy fel darlledwr o fri. Yr hyn o'dd mor sbesial am y dyn o'dd y gallai e neud i fi deimlo taw FI, a finne ond yn gweithio ar ddyddie Sadwrn yn unig i Radio Cymru, mai fi o'dd y cawr ym myd darlledu, ac nid FE!

Roedd 'da fe bob amser ddigon o amynedd ac amser i roi sylw i bawb a'r ddawn i hela pob person i deimlo ei fod e neu hi'n arbennig. Ro'n i'n teimlo'n berson talach ar ôl bod yn ei gwmni. Bob amser bydde gair o gefnogaeth a chanmolieth ac yna'r cwestiwn, 'Shwt ma'n llais i?' gyda gwên ddireidus i ddilyn.

Wi'n cofio gweld Mari yn Morrison's Caerfyrddin ar ein ffordd i'r gorllewin ac fe wedodd hi wrth Dave, fy ngŵr a finne, i alw draw. Felly galw wnaethon ni. Dyma'r adeg pan o'dd Grav newydd gael i goes bren. Peth cynta wnaeth e, oedd tynnu'i goes bren mas i ddangos bathodyn y Sgarlets wedi'i baentio arni. Ac yna fe ddangosodd e'r oriawr ro'dd tîm y Sgarlets wedi ei brynu iddo fe. Ar yr oriawr ro'dd yna neges bersonol iddo fe. Fe ddarllenodd e'r neges mewn anghrediniaeth ac yn llawn emosiwn. Ro'dd e'n ffili credu faint o feddwl o'dd gan bobl eraill ohono fe. Falle ei fod e'n gawr o ran corff a phersonoliaeth ond do'dd dim unrhyw awgrym o hunanbwysigrwydd yn perthyn iddo fe.

Un o'n hoff straeon i yn ymwneud â Grav ar gae rygbi oedd pan nath e smasho un o chwaraewyr De Affrica pan o'dd e'n chwarc dros y Llewod. Nath y dyfarnwr ei alw fe draw a dweud wrtho fe bod ei dacl e'n beryglus o hwyr. Atebodd Grav – 'Sorry Ref , I got there as quick as I could!'

Dot Davies

Y tro cynta i fi gyfarfod â Grav o'dd yn Awstralia yn y flwyddyn 2001, Taith y Llewod. Ynte yn y canol, a rhyw ddeugain o gefnogwyr o'i gwmpas e, cefnogwyr o Gymru, o Loegr, o Iwerddon a'r Alban a phob un yn chwerthin, tan eu bod nhw'n dost. Wedyn Grav yn troi'n arweinydd, a fe ddechreuodd y canu, 'Sosban Fach', 'Calon Lân', 'The Fields of Athenry', 'Flowers of Scotland', a'r jôc yn dod wedyn, ie, dim digon o lais ar ôl i ganu 'Swing Low'. Ond chi'n gwybod beth, dyna'r peth am Grav, roedd y cefnogwyr o Loegr, os rhywbeth, yn dwli arno fe hyd yn oed yn fwy ar ôl hynny. O'dd ffordd 'da fe, yn doedd? Do'dd dim ots, o'dd e jyst yn naturiol yn arweinydd.

Trwy weithio yn adran y chwaraeon yn BBC Radio Cymru y des i nabod Grav yn iawn, drwy gydweithio ar raglenni Radio Cymru yn bennaf. Finne'n ymchwilydd bach diniwed, a'r cawr o ddyn 'ma'n camu i'r adran ac ro'dd e'n gawr. Do'dd neb yn gallu gwneud i fi gochi fel Grav, ac unwaith iddo fe sylweddoli hynny, bois bach, o'dd e'n joio gneud. Bydde fe'n agor drws yr adran, a honno'n un stafell fawr agored, open plan, a rhyw 60 o staff yn gweithio yn y stafell, falle mwy. Bydde Grav yn dod mewn ac yn gweiddi ar dop ei lais, 'Dot, Dot, Dot!' Pawb yn stopo gneud eu gwaith. Edrych arno fe gynta, wedyn troi i edrych arna i, a lliw 'yn wyneb i'r un lliw â chrys y Sgarlets, fynte'n wherthin, a finne'n mynd yn fwy a mwy coch. Ond wedyn byddwn yn ei gyfarch. Ynte'n rhoi cwtsh mawr i fi.

O, fi'n gweld ishe'r drws yna'n agor a hyd yn oed gweld eisie'r tynnu co's.

Cynhyrchwyr

Geraint Rowlands

Wel y peth cynta i weud am Grav o'dd na fydde fe byth yn dawel, ac fel rhywun a rannodd stafell gyda fe ar sawl achlysur pan odden ni bant ar waith yn ymwneud â rygbi mewn gwlad dramor, rhaid gweud ei fod e'n fachan swnllyd. Bydde fe'n llawn sŵn pan o'dd e ar ddi-hun, yn siarad trwy'r amser ac yn moyn 'y nghyngor i, yn holi o'n i'n hapus gyda'i waith e ac ati ac wedyn unwaith ro'dd e'n mynd i gysgu, bydde fe'n chwyrnu – o'dd e'n chwyrnwr ofnadw! Byddwn i'n dihuno wedyn i sŵn Grav yn gofyn cwestiwn rhyfedd fel, 'Ger, Ger, pam wyt ti'n cysgu yn y bath?' a fel'na fydde hi pan fydden i'n rhannu stafell 'da fe.

Buon ni'n darlledu rygbi'n fyw ar S4C yng nghanol y 90au ac roedd Grav yn ganolbwynt yr holl beth – fe fydde'n gwneud y cyfweliade ar ochr y cae, gyda chwaraewyr a hyfforddwyr. Do'dd neb tebyg iddo fe mewn gwirionedd am wneud y math yma o waith achos ro'dd e'n nabod pawb ac yn siarad gyda phawb, ond o'dd e'n gwybod hefyd shwt bydde'r chwaraewyr yn ymateb mewn gwahanol sefyllfaoedd, a dw i'n credu eu bod nhw yn ei drystio fe. Wrth reswm felly, roedd hynny'n sicrhau'r deunydd gorau i'r gwylwyr. Ond wedyn dros y talk back, sef y system lle bydde fe'n cadw mewn cysylltiad â fi, wrth i fi gynhyrchu a chyfarwyddo'r gêm, bydde fe wastad, ar ôl neud unrhyw gyfweliad yn ystod y gêm, a'r gêm a'r chwarae wrth gwrs yn dal i barhau, bydde fe'n dod ar y talk back a holi 'Ger, Ger, o't ti'n hapus 'da hwnna?' Wrth gwrs byddwn i'n hapus 'da'i gyfweliad, ond roedd cant a mil o bethe erill yn digwydd ar yr un pryd ac angen sylw arnyn nhw i gyd. So, yn y diwedd, byddwn i'n syrffedu ac yn gorfod gweud wrtho, 'Grav, Grav, radio silence'. Wedyn bydde na saib, cyn y clywn i lais yn dod nôl yn dweud, 'Ger, Ger!' 'Ie?'... 'Over!' Roedd y term 'over' yn rhywbeth eitha cyson ganddo fe, a hyd yn oed mewn sgyrsie ffôn. Bydde fe'n ffonio rhyw ddwywaith neu dair y dydd, jyst unwaith eto i tsecio bod ni'n hapus gyda'r hyn o'dd e'n ei neud ac ar ddiwedd pob sgwrs, bydde fe'n dweud 'Ger, Ger... Over!' a bant â fe.

Oedden ni'n ffrindie da iawn ac ro'dd e'n edrych ar fy ôl i hefyd. Mewn un gêm, o'dd Caerdydd yn whare yn erbyn Casnewydd ac ro'dd 'na fachan o Dde Affrica, a hwnnw'n fachan tanllyd iawn, yn hyfforddwr ar Gasnewydd, Ian Mackintosh. Buodd e'n gyn hyfforddwr ar Dde Affrica hefyd. Fe gollodd Casnewydd y gêm yn eitha trwm ar Barc yr Arfau ac o'dd e'n rhoi y bai ar bawb, a'r un bachan o'dd fwyaf ar fai o'dd y cynhyrchydd teledu, achos ein bod ni wedi gorredeg, am ryw reswm neu'i gilydd. Buodd rhaid i'r gic gynta fod rhyw bum munud wedi'r amser penodedig. Felly, yn ôl Ian Mackintosh, ni o'dd ar fai eu bod nhw wedi colli'r gêm.

Beth bynnag, ar y talk back eto ar ddiwedd y gêm, 'ma Grav yn dod draw, 'Ger, Ger, ma... ma, Ian Mackintosh... ma fe'n moyn dy ladd di!' A dwi'n cofio meddwl, dyw hyn ddim yn swnio'n rhy dda. 'Paid â dod mas, paid dod mas o'r tryc,' sef y lle roedden ni'n cyfarwyddo'r gemau, 'paid dod mas o'r tryc nes bo fi'n dweud ei bod hi'n saff. Gad e i fi!' Ac wrth reswm, o'dd rhywun yn ymddiried yn Grav yn y fath sefyllfa. Wedyn, ar ôl rhyw ddeg munud 'ma Grav yn dod ar y lein 'to a dweud, 'Ger, Ger, mae'n saff nawr i ti ddod mas.' Erbyn 'ny o'dd e ac Ian Mackintosh yn ffrindie penna ac felly doedd e ddim eisie'n hanner lladd i ac roedd pawb yn gytûn, diolch i Grav. Ond dyna'r math o fachan o'dd e, bydde fe'n watsian drostach chi, yn garedig dros ben, ac mae'r stori yna jyst yn dangos y math o fachan o'dd e.

Ro'dd e'n anobeithiol gyda cheir! Dwi'n cofio teithio'n ôl 'da fe'n hwyr o rywle, a glanio ym maes awyr Bryste ac wedyn wedi gorfod codi rhyw gar wedi'i logi o fan'ny yn hwyr y nos. Doedd na'r un ohonon ni'n gallu gweithio mas lle ro'dd yr handbreak yn y car 'ma. Dyma fi'n mynd mas o'r car a mynd i chwilio am rywun i'n helpu ni. O'dd Grav yn sêt y passenger a thrwy ryw ryfedd wyrth ma 'fe'n ffindio botwm yr handbreak ac yna'n teimlo y byddai'n dda o beth ei bwyso yn y fan a'r lle. Ac wrth reswm, beth ddigwyddodd wedyn o'dd bod e'n eistedd yn y 'passenger seat', a'r car yn dechre llithro yn ôl ar draws y maes parcio i gyfeiriad yr holl geir eraill oedd wedi'u parcio yno. 'Na i gyd o'n i'n clywed tu ôl i fi o'dd 'Ger, Ger, fi di ffindo fe. Fi di ffindo bwtwn yr handbreak.' Er mwyn osgoi difrodi'r car buodd yn rhaid i fi frasgamu ar ôl y car, neidio i mewn a dodi'n nhroed ar y brêc i stopo'r car mewn pryd cyn iddo fynd i mewn i'r ceir erill.

Ond wrth gwrs, mewn sefyllfa o'r fath yna, roedd e mor awyddus i ddathlu'r ffaith iddo ddod o hyd i'r bwtwn ac yn ysu gymaint am fynd yn ôl gatre i Fynydd y Garreg, fel na allai weld beth oedd yn digwydd. Bydde fe ar bob trip yr un peth, ta pryd bydden ni'n glanio yn ôl ym maes awyr Caerdydd, Bryste neu lle bynnag, fe fydda'r cynta ar yr M4 yn ei throi hi am gatre ac at Mynydd y Garreg at Mari, Manon a Gwenan. Dyna o'dd ei fynydd e, dyna lle'r oedd ei graig e a dyna lle'r o'dd ei galon e.

Fi'n cofio, ro'dd fy nhad, Dafydd Rowlands, yn Archdderwydd pan o'n nhw'n chwilio am Geidwad y Cledd newydd. Dwi'n cofio fe'n gofyn i fi, 'Be ti'n feddwl? Fydde Grav yn fodlon neud y gwaith?' Yn hytrach na rhoi ateb pendant, rhoddes i'r ddau mewn cysylltiad â'i gilydd – roedden nhw'n nabod ei gilydd, ta beth. Dath Grav draw i'r tŷ, a rhanon nhw botelaid o win coch, rhyw Shiraz o Awstralia, ddoth yn dipyn o ffefryn 'da Grav wedi 'ny. Wrth reswm, ro'dd e'n meddwl y bydde hi'n fraint, ond hefyd yn ddyletswydd arno fe dderbyn y swydd. A dwi'n cofio wedi 'ny, nath e hyd yn oed deithio'n ôl o Dde Affrica, lle'r oedd e'n sylwebu ar daith y Llewod, er mwyn bod yn rhan o Seremoni Cyhoeddi Eisteddfod Pen-y-bont ar Ogwr.

Yn yr orymdaith, ro'dd Dad yn gorymdeithio jyst tu ôl i Grav trwy'r strydoedd ac wrth reswm ro'dd pawb yn 'nabod Grav ac yn ymateb iddo fe wrth ei weld. Nath rhywun weiddi o'r crowd 'Grav, Grav, why aren't you in South Affrica?' a dyma Grav jyst yn troi yn osgeiddig a'r cledd yn ei law a gweud, 'This is far more important than that!' Ro'dd hwnna'n rhyw fath o sefydlu pwysigrwydd y swydd iddo fe a'r holl fraint ro'dd e'n ei deimlo wrth gario'r cledd. Wedi 'ny gath e'r fraint o drosglwyddo'r fantell honno a'r ddyletswydd i Robin McBryde a dwi'n gwybod bod hynny wedi bod yn bwysig iawn iddo fe hefyd.

Dwi'n cofio Dad yn dweud ei fod e wedi trafod y peth gyda Hywel Teifi, a bod Hywel Teifi wedi ymresymu taw gwitho ar y llinellau i'r Bwrdd Trydan o'dd wedi achosi bod gymaint o fywyd, egni a phŵer yn Grav, am ei fod e mewn gwirionedd yn llawn lectrig. Hywel Teifi wedyn yn gwneud y sylw anfarwol, 'Uffach, odi hwn yn berson alli di drystio â chleddyf yn ei law?' Gafon nhw lot o hwyl yn trafod y peth.

Aethon ni fel teuluoedd i ffwrdd unwaith ac roedd Mari a 'ngwraig i a'r merched wedi teithio i Stratford yn y pnawn gan fod y gêm ar y nos Sadwrn. Roedd Grav a fi wedi bod i Ddulyn, a beth nethon ni ei roi fel trît bach iddo fe o'dd sicrhau bod potelaid o win coch yn y car iddo fe wrth deithio. Wrth reswm, o'n i'n ffaelu ca'l diferyn gan 'mod i wrth y llyw ond ro'dd Grav yn gallu cael glased bach nawr ac yn y man ar y ffordd nôl. Wedi 'ny aethon ni'n styc mewn traffig ar yr M5 ac ro'dd y tagfeydd yn eitha difrifol. Do'dd dim byd yn symud am ryw chwarter awr. Penderfynodd Grav ei fod e eisiau cael sgwrs 'da'r bobol yn y ceir nesa aton ni. So, mas ag e o'r car gyda'i lasied o win coch yn ei law ac ro'n i yn y 'fast lane' cofiwch. Ond 'na lle ro'dd e'n siarad â phawb, yn eu ceir, a'i lasied o win coch yn yr awyr yn help i ddramateiddo ei storïau. Do'dd hynny ddim yn broblem nes dechreuodd y tagfeydd lacio a'r traffig o ganlyniad yn symud. Do'dd 'na'm sôn am Grav, o'n i ddim yn gwybod ble ddiawl ro'dd e wedi diflannu, ac wrth gwrs ro'dd yn rhaid i fi ddechre symud yn y fast lane ynghanol y traffig, gan fod pawb arall yn symud. Yn y pen draw, dyma fe'n cyrraedd o rywle yn llawn consyrn, 'Arglwydd Ger, o'n i'n meddwl dy fod ti'n mynd hebdda i.' O'dd, ro'dd e'n moyn gweld Mari, Manon a Gwenan fel arfer.

Keith Davies (Keith Bach)

Reit, shwd ddes i nabod Grav gynta? Yn amlwg ro'n i 'di gweld e'n chwarae lawr ar y Strade, wedi mynd 'na ers pan o'n i tua phedair, pump oed gyda 'Nhad. Ond y tro cynta i fi siarad gyda Grav o'dd pan o'dd 'Nhad a Mam yn cael bathrwm newydd yn y tŷ ac roedden nhw wedi mynd at gwmni o'r enw Sharpe and Fisher. Yn ddiarwybod iddyn nhw, pwy oedd yn gweithio i'r cwmni ar y pryd o'dd Ray. Nath e'm aros yn hir yn y swydd, blwyddyn neu ddwy dwi'n credu, a do'dd e ddim wedi gwerthu bathrwm suite o gwbwl cyn i'n teulu ni alw yno. Ta beth, fe o'dd y salesman ddoth at Dad a Mam, a'u perswadio nhw i gael 'bargen' wrth ddewis bathrwm suite... wel yr un hylla dwi wedi'i weld yn 'y mywyd a gweud y gwir. Hyd y diwrnod nathon ni adael y tŷ hwnnw, ro'dd y bathrwm suite yn dal yno, rhyw liw siocled tywyll, hyll ac erchyll, a tra bydde 'Nhad yn trio cael gwared arni, bydde Mam wastad yn gwrthod ac yn dweud, 'Na, Grav werthodd hon i ni!'

Ro'dd 'Nhad am flynyddoedd yn rhedeg canolfan hyfforddi i oedolion dan anfantais meddwl ac ro'dd Dad yn foi o'dd yn caru chwaraeon. O'dd e'n gefnogwr brwd y Swans yn ogystal â bod yn gefnogwr brwd y Sgarlets. Bob blwyddyn, yn y ganolfan hyfforddi i oedolion dan anfantais meddwl, bydden nhw'n cynnal diwrnod mabolgampau yn yr haf, a ro'n nhw'n ca'l rhyw seren i'w agor ac roedden nhw i gyd yn ffantastig. Bydde 'Nhad yn sôn fel y bydden nhw'n dod yno, gwneud araith i agor y digwyddiad ac yn aros am ryw hanner awr i gymdeithasu, wedyn derbyn y diolchiadau ac yn gadael. Chware teg iddyn nhw am ddod a gwneud beth oedd disgwyl iddyn nhw wneud. Wel un flwyddyn cafodd Grav wahoddiad i fod yn ŵr gwadd. Fe ddath e y peth cynta yn y bore a gwneud ei araith ond yna, sefodd e yno trwy'r dydd. Wrth i Dad edrych yn y maes parcio ar ddiwedd y dydd gwelodd fod car Grav yn dal yno. Dyma fe'n holi rhywun, 'Ydy Grav wedi cael lifft yn ôl gatre 'te, ma'i gar e'n dala 'ma?' Na, ro'dd Grav yn dal wrthi ar y cae yn clirio'r holl geriach roedden nhw wedi bod yn ei ddefnyddio ar gyfer y mabolgampau.

Buodd fy nhad yn ddifrifol wael am gyfnod yn Ysbyty Llanelli ac ro'n i wedi cwrdd â Grav droeon erbyn hynny, er do'n i ddim yn ei adnabod e'n arbennig o dda. O'dd e wedi dod mewn i weld ei Anti Babs o'dd yn digwydd bod yn yr ysbyty yr un pryd â 'Nhad. Digwydd ei weld e ar y coridor wedyn wnes i a fynte'n holi, 'Hei, be ti'n neud fan hyn?' Finne'n esbonio bod 'Nhad yn ddifrifol wael ac a'th e i'w weld e y noson honno a chael sgwrs 'da fe. Da'th e'n ôl ato'r noson wedyn, ar ei ffordd i weld ei Anti Babs. Holodd Grav fi,

'Odych chi'n mynd off i rywle yn yr haf?'

Finne'n ateb, 'Na, ro'n ni wedi bwriadu mynd â'r plant i Ffrainc ond, na, dy'n ni ddim yn mynd nawr achos salwch Dad...' Ro'dd e'n gwella ond do'dd e ddim yn iawn...

Ac medde Grav, 'Hei, ges i air gyda dy dad am hyn neithiwr. O'dd e'n dweud bo chi wedi addo mynd â'r plant... gwranda, os wyt ti 'di addo i'r plant a bo ti wedi addo i dy dad bo ti'n neud... y'ch chi'n mynd.'

Finne'n ateb, 'Naaa, allwn ni ddim, allwn ni ddim mynd Grav, a gadael Dad, fydd neb yn dod i'w weld e.'

'Ddo i i'w weld e,' meddai Grav.

Yn y diwedd, rhwng Dad a Grav, fe berswadwyd ni i fynd ar ein gwylie, a dod 'nôl wedyn a ffindo bod Grav wedi bod yn gweld Dad ddwywaith y dydd, bob dydd tra buon ni bant!

Pan ddechreies i weithio gyda Grav yn y BBC, ro'dd Grav yn amlwg yn cadw lot o sŵn. Ond bydde fe'n ca'l pobol i neud pethe iddo fe na fydde neb arall yn gallu breuddwydio eu cael nhw i wneud. Daeth e i mewn i'r swyddfa ac ro'dd e'n chwilio am CDs yn Radio Cymru ar gyfer ei raglen e a Frank Hennessy ar Radio Wales. Pan fyddwn i neu unrhyw un arall yn chwilio am CD, bydde ni ar ein glinie yn chwilio'r silffoedd isel neu ar gadair yn chwilio'r silffoedd uchel. Ond

Grav, na. 'Na i gyd bydde fe'n wneud fydde troi at y merched a'u cyfarch, 'Girls, girls, sut i chi bore 'ma, chi'n beautiful. O, chi'n disgwyl yn bert bore 'ma... o's un ohonoch chi'n gwbod ble mae CD so and so?' Ac wrth gwrs, bydde nhw yn codi ac yn mynd i chwilio amdani i Grav. Fydde dim rhaid iddo fe neud dim byd.

Ar un o'r diwrnode hynny da'th e mewn i'r swyddfa, o'dd hi'n ddiwrnod twym a fynte yn ei grys 'Rockport' llewys byr, Chinos fel trwsus, a 'ma fe'n tipio gwydred o ddŵr dros ei Chinos mewn man anffodus iawn, gan adael marc amlwg iawn. Beth nath e wrth gwrs o'dd tynnu 'i Chinos yn y swyddfa, eu rhoi nhw ar y radiator i sychu, a na lle ro'dd e, yn ei boxer shorts yn cyfarch pob gwestai wrth iddyn nhw ddod i mewn, fel tase bod yn ei boxer shorts yn digwydd bob dydd.

Yn yr un cyfnod, do'th e mewn un diwrnod pan o'dd y Llewod yn chware yn erbyn yr Ariannin os cofia i'n iawn lawr yng Nghaerdydd. 'Gwranda,' medde fe, 'bydd traffic yn ofnadw heddi ti'n gwbod, bydd yn ofnadw. Sdim sians cael lifft miwn, os e? Gwed bo fi'n dod i dy dŷ di, 'nei di roi lifft i mewn i'r dre i fi?'

'Wrth gwrs' meddwn i, heb sylweddoli y bydde'r traffic yr un mor wael i fi ag o'dd e iddo fe. Ond, 'na fe, Grav o'dd e, a bydde dyn yn gwneud y pethe 'ma iddo.

Ro'dd y plant yn eitha bach bryd hynny, yr hyna tua un ar ddeg, deuddeg ac o'n i wedi dweud wrthyn nhw, 'Hei, ma Grav yn galw heno, bois. Ma Grav yn dod heno.' Beth bynnag, tua hanner awr wedi pump, dyma gnoc ar y drws, wel, cnoc

a cherdded i mewn yn syth. O'dd e ddim yn disgwyl i rywun ateb y drws iddo fe wrth iddo weiddi, 'The eagle has landed!' Ond pwy o'dd gyda fe hefyd ishe lifft o'dd Garan Evans, asgellwr y Sgarlets ac ro'dd y plant yn gefnogwyr MAWR y Sgarlets. Wrth gwrs fe redodd y plant lawr y grisiau tuag at Grav, a hwnnw'n dal ei freichiau yn llydan agored, ond fe nath y plant redeg yn syth heibio iddo fe ac anelu at Garan Evans a gofyn iddo am ei lofnod e. Sylwon nhw ddim ar Grav, ddim hyd yn oed wedi sylweddoli pwy o'dd e mewn gwirionedd. Dyma Grav jyst yn edrych ac yn troi, 'Hy, 'ma'r tro diwetha fi'n galw 'ma!'

O ran darlledu, ro'dd e'n brofiad a hanner, fel y gall unrhyw un ddychmygu. Bydden ni'n cwmpo mas yn drad moch weithie. Dw i'n cofio darlledu yn fyw o Goleg y Drindod gyda fe ar ei raglen i dde orllewin Cymru. Ro'dd 'na rywbeth wedi digwydd yn ystod y rhaglen, dwi ddim yn cofio beth, ond wrth bo ni'n cerdded yn ôl at y ceir ro'dd y ddau ohonon ni'n gweiddi ar ein gilydd, nes bod ni'n groch ac yn beio'n gilydd, am rywbeth o'dd wedi digwydd. Beth bynnag, i mewn â ni i'n ceir a gyrru i ffwrdd. Y peth nesa, dyma'r mobile yn canu...

'Ie Grav, be ti moyn?'

'Ni'n ffrinds nawr, i ni?'

'Odyn, Grav, ni'n ffrindie.'

'Tyn i mewn i'r lay-by nesa 'te.'

Wedi tynnu mewn i'r lay-by nesa, da'th Grav mas o'r car, a fi mas o 'nghar inne, a rhoddodd Grav yffach o hyg i fi 'Ffrinds ife, ffrinds!'

O'n i'n gorfod gwneud rhaglen *Grav o'r Gorllewin* yn rhad iawn, iawn. Dwi'm yn credu gath unrhyw un ei dalu i fod ar y rhaglen eriod. Wedi dweud mai ar gyfer rhaglen Grav o'dd e, bydde pawb yn cytuno, gan gynnwys y bobl a ddeuai yna i ganu'n fyw yn y stiwdio, fel Brigyn, Meinir Gwilym a Fflur Dafydd, i gyd yn dod i ganu a ddim yn cael ceiniog, ond yn gwneud oherwydd ma Grav o'dd e.

Pan fydde rhyw westai yn digwydd tynnu mas, yn methu cymryd rhan y bore hwnnw, bydde Grav yn mynd ar y ffôn ac un o ddau berson fydde fe'n ffonio. Naill ai Clive Rowlands, neu Hywel Teifi. Ymateb Hywel yn gynta fydde,

'O, Gravell, be ddiawl wyt ti'n moyn bore 'ma 'to?'

'Y barchus, hybarch, ddoctor, athro, fydde chi'n fodlon ystyried dod ar y rhaglen y bore ma?'

'I siarad am beth, Gravell?'

Y bore hwnnw yn digwydd bod, y testun o'dd, 'Ffasiynau

gwallt yn y 60au!' A wir, rhywsut neu'i gilydd, fe nath Grav lwyddo i berswadio yr Athro Hywel Teifi Edwards i sôn am ffasiynau gwallt yn y 60au.

A sôn am Clive Rowlands, o'dd Clive yn un o'r gwrandawyr cyson, y fe a'i wraig, Margaret. Yn aml bydden nhw'n cael cyfarchion gan Grav, a beth oedd Grav yn eu galw nhw'n fyw ar y radio o'dd, 'Yr Arglwydd a'r Fonesig Cwm-twrch'. Fe wnaethon ni ddarlledu yn fyw o Gwm-twrch unwaith, ac wedi cyrraedd yno y person cynta ro'dd Grav wedi disgwyl ei weld yn Neuadd Cwm-twrch o'dd Clive Rowlands, ond do'dd dim sôn am Clive na'i wraig, Margaret. Wrth i'r rhaglen fynd 'mlân, o'dd hi'n rhaglen o ddwyawr, yn wir rhyw chwarter awr cyn diwedd y rhaglen a Grav wedi bod yn poeni trwy gydol yr amser, ble ro'dd Clive, ac yn poeni ei fod e wedi gwneud rhywbeth i'w bechu...

'So i wedi gwneud rhywbeth yn wrong, i fi, so i wedi pechu Clive, i fi?'

'Nag wyt Grav, ti ddim wedi gwneud dim i bechu Clive.'

'Ti'n siŵr? O'n i'n siarad gyda fe wythnos dwytha, ti'n gweld, ac o'n ni'n alright. So i wedi gweud dim byd, i fi?'

'Nag wyt Grav, popeth yn iawn.'

A wir, rhyw chwarter awr cyn y diwedd pwy gerddodd i mewn o'dd Clive a Margaret ac wrth gwrs yn fyw ar yr awyr, 'O, ma fe wedi cyrraedd. Arglwydd Cwm-twrch a'r Fonesig Cwm-twrch,' ac a'th e'n syth at Clive, 'Clive dere 'ma i gael sgwrs, cyn bod y rhaglen yn dod i ben. Clive dere 'ma , dere 'ma.' A dyma Clive wrth gwrs yn dod i siarad gyda Grav, a ma fe'n cyflwyno Clive.

'I chi sydd ddim yn gwbod, Clive Rowlands yw yr unig berson i fod yn chwaraewr, yn gapten, yn hyfforddwr, yn ddewiswr ac yn Llywydd Undeb Rygbi Cymru, dyna pwy yw e. A chi'n gwybod beth, beth sydd yn fwy pwysig na dim byd, Clive Rowlands o'dd yr un nath fy newis i y tro cynta, Clive o'dd yr un nath roi 'y nghap cynta i fi.'

A medde Clive yn syth nôl, 'A cofia Gravell, fi nath dy ddropo di 'fyd!'

'Wel syth 'mlân at gân arall te, ife bois?' medde Grav.

Yn syth ar ôl pob rhaglen, bydden ni'n ei gwneud fel arfer o'r stiwdio yn Abertawe, bydden i'n gyrru'n ôl i Gaerdydd ac i'r swyddfa. O fewn rhyw ddeg munud wedi i fi gyrraedd fe fydde'r ffôn yn canu:

'Hei Keith Bach Keith Baaaach! Grynda, o'n i'n dda heddi?'

'O't Grav, o't ti'n olreit.'

'Dim ond olreit o'n i?'

'Na Grav o ti'n grêt!'

'Ti'n siŵr?'

'Ydw, ydw Grav, o't ti'n grêt, yn ffantastig.'

'Ti'n gweud y gwir wrtha i nawr?'

'Ydw Grav, o ti'n grêt.'

'Fel fi'n gwbod bo ti'n gweud y gwir?'

Fwy na heb, dyna pryd byddwn i'n rhoi y ffôn i lawr. Ond wedyn bydde'r ffôn yn canu eto mewn rhyw ddeg munud.

'Keith Bach, Keith Baach. Ti'n fisi?'

'Ym, na ddim i ddweud y gwir, Grav.'

'Ocê, ffonia i ti 'nôl pan fyddi di'n fisi te,' a bydde fe'n rhoi'r ffôn lawr.

Pan aethon ni i Lyn-nedd i bentre genedigol Max Boyce, ro'n ni'n darlledu gan ddefnyddio rhyw beiriant bach, o'dd ddim fawr fwy na ffôn mewn gwirionedd, eto ro'dd e'n un rhad iawn. Y peth da amdano fe o'dd y gallech chi fynd ag e i unrhyw le, dim ond bod 'na linell ffôn a hefyd ro'dd rhaid codi erial yn eitha uchel i ga'l signal. Felly, roedden ni mewn caffi yng Nglyn-nedd, nid yn unig ma'r cwm yn un cul, a'r bryniau'n uchel o'i gwmpas, ond mae rhai adeiladau ar y stryd fawr yn dri llawr ac felly yn atal y signal. O'dden ni fod ddechre am hanner awr wedi wyth, ond fwff, erbyn rhyw bum munud ar hugain cyn i'r rhaglen fod ddechre, roedden ni'n dal heb gael signal, a chydweithiwr i ni, o'r enw Tomos Morse, wedi mynd i sortio fe mas fel roedd Grav yn cyrraedd.

'Reit bois i ni'n barod i fynd, i ni'n barod i fynd?'

'Ddim 'to Grav.' '

'Ble mae Tomos?'

'O ma Tomos yn sortio signal i'r Comrex, y peiriant bach 'ma, i ni ga'l darlledu.'

'Ble ma fe, ble ma fe?'

Ac ar hynny dyma Grav yn edrych lan tri llawr a gweld Tomos Morse yn pwyso mas trwy ffenest uchaf yr adeilad trillawr 'ma, ei ddwy law yn gafael yn yr erial, a'i goese fe'n styc jyst tu mewn i'r ffenest er mwyn ei ddala fe rhag cwmpo. Hynny yw, ro'n ni'n torri pob rheol health and safety, ac ro'dd yr hyn wna'th e'n hollol ynfyd wrth ystyried. Yn sydyn dyma Grav yn gweiddi, 'Tomos bach, be ti'n neud?' a llais yn dod oddi fry yn ateb,

'Ma'n rhaid i fi ga'l yr erial ma'n iawn.'

Grav yn ateb, 'Tomos, na, na, na paid. Dere nôl, dere lawr, Tomos bach. Dyw hi ddim yn saff. Gallet ti gwmpo, a gallet ti ladd dy hunan...'

Y llais oddi fry, Tomos Morse, unwaith eto'n gweiddi nôl, 'Grav, os nagw i'n ca'l y signal 'ma, fyddi di ddim yn mynd ar yr awyr.'

'Wel, carry on 'te Morse bach, carry on!'

Ma stori arall am y peiriant bach 'ma, y Comrex. Ro'n ni ym mhentre bach Llan-saint dwi'n meddwl, yn y neuadd, ond do'dd na ddim llinell ffôn. Felly, ro'dd rhaid i Tomos Morse redeg rhyw wifren ar draws y neuadd, drwy'r maes parcio, ar draws yr hewl, lawr rhyw gae i dŷ ffarm o'dd wedi dweud y bydde nhw'n eitha bodlon i ni ddefnyddio eu llinell ffôn nhw. Pan ddigwyddodd hyn, fel ro'dd hi'n arferol, bydde'n rhaid i un ohonon ni aros yn y stiwdio yng Nghaerdydd i chwarae cerddoriaeth. Felly fe fydde Grav yn dweud rhywbeth fel, 'a nesa 'da ni'n mynd i glywed Fflur Dafydd a Helsinki,' a bydde pwy bynnag odd yng Nghaerdydd yn chwarae'r record i mewn i'r rhaglen. Y fi o'dd yn digwydd bod yng Nghaerdydd y tro hwnnw tra o'dd y lleill mas gyda Grav yn Llan-saint. Pan o'dd Grav wrthi'n siarad gydag un o'r trigolion lleol, a'th y cwbwl yn farw hollol yn sydyn. Fel bydd rhywun yn neud, aroses i ryw bum eiliad, wedyn codi volume y fader i ddweud, 'Wel yn anffodus, ryn ni wedi colli cysylltiad gyda Grav oherwydd problemau technegol. Fe fyddwn ni yn ôl gyda chi cyn gynted ag y bo modd. Yn y cyfamser dyma gân i chi' a chwaraes i ryw record.

Trio ffonio Grav wedyn, 'Grav, Grav, be sy'n bod, be sydd wedi digwydd?'

'Gwranda, o'dd y llinell ffôn oedde ni wedi seto lan, o'dd hi'n mynd ar draws yr hewl ti'n gweld.'

'Ie?'

'Ond fe ddoth 'na ryw dractor a mynd drosto fe, a thorri'r llinell.'

Reit, ro'dd rhaid chwarae rhyw ddwy neu dair cân ac yn sydyn reit dyma'r ffôn yn canu, 'Ni'n ôl, ni'n ôl. Rho ni'n ôl ar yr awyr,' a finne'n dweud wedyn, 'Wel diolch yn fawr iawn, a nawr fe alla i ddweud ein bod yn mynd yn ôl at Ray Gravell yn Llan-saint.' Lan â'r fader unwaith eto i agor meicroffôn Grav, a Grav yn mynd yn ei flân a ma fe'n chwarae'r gân nesa, 'A nesa ni'n mynd at Dafydd Iwan a 'Myn Duw, Mi a Wn y Daw'.' Wrth i'r gân ddechre chwarae canodd y ffôn unwaith 'to, 'Grynda, ma'r blydi tractor ar i ffordd nôl!'

Bydde pobol yn anfon CDs aton ni er mwyn i ni gael eu chwarae nhw. Ac fe gatho ni CD newydd Gwyneth Glyn, *Wyneb Dros Dro* a dwedes i wrth Grav,

'Grav, gwranda, chwarae y trac 'Adre' ocê?'

'O ie, ife? Ie ocê.'

'Ma hi'n gân ffantastic, byddi di'n dwli arni, Ray.'

'Ocê... wel nesa, oddi ar CD newydd Gwyneth Glyn dyma i chi'r gân, Adre,' ac wrth gwrs dyma hi'n dechre, "There is a house in North Ontario'. Cyn bod y gân yn cyrraedd North Ontario ro'dd Grav wedi gwasgu stop ac yn edrych yn filain arna i ac yn gweud, 'Dwi ddim yn chwarae honna.' Fader lan 'ymddiheuriadau chi wrandawyr adre, dwi ddim yn chwarae recordie Saesneg ar fy rhaglen i, ymddiheuriadau mawr. Dyma i chi Meic Stevens a'r Brawd Hwdini' neu beth bynnag o'dd y gân chwaraeodd e. Finne'n dweud wrtho wedyn,

'Grav, trystia ni nei di, chwarae'r gân 'na. Byddi di'n dwli arni hi.' 'Na, sa i'n chware caneuon Saesneg, nagw!'

'Grav, chwara'r gân nei di.'

Yn y diwedd fe gafon ni berswâd arno fe i chware'r gân, 'There is a house in North Ontario' ac yn y blaen 'does unman yn debyg i gartre' ac wrth gwrs erbyn diwedd y gân, ro'dd Grav wedi'i synnu ac wedi cwmpo mewn cariad â'r gân yn llwyr ac ro'dd e'n llefen dŵr y glaw wrth gwrs wrth wrando arni. Nath Gwyneth ganu'r gân yna'n fyw yn 'i angladd e.

Un stori dda arall. Da'th Grav i mewn i recordio gyda ni yn Radio Cymru rhyw brynhawn ac ro'dd Owen Money ar yr awyr i Radio Wales. Ro'dd e'n fyw. Grav yn dod i mewn i recordio a mewn â fe i stiwdio Owen, 'Hi Owen, alright?' (Cofiwch fod Owen yn fyw ar yr awyr!) ac Owen yn rhyw edrych a 'Well, you listeners back home... ym Ray Gravell has walked into the studio by here... yes Ray, we're live on air,' hynny yw, rhybudd i beidio rhegi, 'we're live on air Ray, so yes, do you want to say hello to...?'

'Well, hello, hello... what are you doing by here then Owen?'

'Well, we're live on air Grav.'

'No you're not. I'm supposed to be recording in this studio now.'

'No, we're live on air Grav!'

'Well I am…'

'You're not supposed to be here Grav.'

'Yes I am! I'm supposed to be recording in this studio!' Wel… a dyma Owen Money yn dechrau chwerthin,

'Well, I better check, Owen!' a ffwrdd â fe mas o'r stiwdio, a rhaglen Owen Money yn mynd yn ei blaen. Ymhen rhyw hanner awr, 'na i gyd o'dd i'w glywed ar y recordiad ydy Owen Money yn chwerthin nes bod c'n wan. Ro'dd Grav wedi cerdded yn ôl i'r stiwdio a rhaglen Owen Money yn dal yn fyw, a dyma Grav yn dweud, 'Owen! Right studio, but wrong day, man!'

Fe gafodd Grav wahoddiad, a fe yw'r unig un hyd y dydd heddi wi'n credu, i siarad ac i fod yn ŵr gwadd yng nghinio 'Ex Alumni Trinity College Dublin'. Ma pobl fel Yeats, Seán O'Casey, Oscar Wilde a Jonathan Swift wedi bod yn siarad yn y cinio, y mawrion i gyd, yr academwyr, gan fod cymaint o hanes i'r Coleg a'i fod yn un o'r colegau mwyaf academaidd yn y byd. Fe gafodd Grav wahoddiad gan ei gyfaill, cyn-gefnwr Iwerddon, Dick Spring, i siarad fel gŵr gwadd a hyd y dydd heddi dwi'm yn credu nad oes 'na neb sydd heb ennill gradd wedi bod yn annerch yno, heblaw am Grav wrth gwrs ac ro'dd nifer o'r siaradwyr a fu yno â sawl gradd a llythrennau tu ôl i'w henwau. Ro'dd hyd yn oed Grav yn nerfus y diwrnod hwnnw, medde fe, wrth gyrraedd yn y neuadd fawr yng Ngholeg y Drindod, Dulyn, a'r gwahoddedigion i gyd yn eu gwisgoedd academaidd a fe, yn foi bach o'dd wedi gadael Ysgol Ramadeg Caerfyrddin yn bymtheg oed ac wedi mynd i weithio yn syth at y Bwrdd Trydan. Dyma fe'n codi ar ei draed, yn diolch am y croeso, a rhyw lot o edrych o gwmpas, gystal â dweud 'Beth mae'r pleb yma yn gwneud fan hyn yn ein plith ni?' Ro'dd Dick Spring yn un o raddedigion Coleg y Drindod, Dulyn, wrth gwrs, a hefyd ar y pryd yn Weinidog Cyllid Gweriniaeth Iwerddon, ac mae hynny'n bwysig i'r stori. Safodd Grav ar ei draed a dweud 'I'd like to thank Dick Spring for the invitation, it's such an honour, and I'm thinking of all the famous and illustrious people who've been in my position before me, but, I would really like to thank Dick, my great friend. Before I start I'd like to say that I'm very very thankful that Dick, a great full back for Ireland, and on that note, I'm very glad that he is your country's Minister for Finance, because if his rugby is anything to go by, he'd be a crap Minister of Defence!' Ac o'r eiliad honno, ro'dd y byddigion, yr academwyr, y bobl grachaidd o'dd yng Ngholeg y Drindod, Dulyn, wedi ca'l eu dal ganddo, ac erbyn y diwedd ro'n nhw yn hanner ei addoli fe.

Pan ddaeth Dick Spring draw i Gymru i annerch tra o'dd e'n dal yn Weinidog Cyllid Iwerddon, buodd 'na dynnu coes mawr. Roedd Dick Spring wedi trefnu bod Grav yn cael car Daimler i ddod â fe o'r maes awyr i Goleg y Drindod pan fuodd e'n siarad yno, er mwyn tynnu ei goes, a Dick Spring yn dweud, 'Grav, I expect the same thing when I come to Cardiff.'

Roedd Radio Cymru yn gwneud cyfres yn adolygu ceir ar y pryd ac fe gafodd air gyda Wyn Jones oedd yn gyfrifol am y rhaglen honno, a phan laniodd Dick Spring ym Maes Awyr Caerdydd, ro'dd y Rolls Royce perta welodd unrhyw un erioed yn disgwyl amdano. Hefyd ro'dd 'na ddau heddwas ar fotobeics yno i arwain Dick Spring i'w westy yng Nghaerdydd. Yn ôl y stori, trwy Delme Evans, Ceidwad y Cledd cyn Grav, o'dd â swydd uchel iawn yn Heddlu Dyfed Powys, y cafodd y cyfan ei drefnu, er nad oes 'na ddim unrhyw fath o brawf o hynny!

Rhyw chydig o flynyddoedd ar ôl i Ray farw, o'n i draw yn Nulyn, a do's dim lot o bobl yn gwybod amdani, ond ma 'na farchnad ffermwyr yng nghanol Dulyn wedi ei chuddio mewn rhyw faes parcio y tu ôl i ryw swyddfeydd, ddim ymhell o Temple Bar, a dwi wrth 'y modd yn mynd 'no. Ar un o'r stondine bydd rhyw wraig yn dod bob dydd Sadwrn o arfordir y gorllewin yn gwerthu wystrys, a dwi wrth fy modd â wystrys. Felly un bore o'n i wedi mynd yna a gweld bod y stondin yno, a holes i'r fenyw,

'Oh, you're busy in the market here?'

'Oh yes, selling oysters.'

'Where have you come from?'

'Oh, we've come from the West Coast, we drive down every Saturday... hey, that's a Welsh accent! Oh I love you Welsh' medde hi. 'If it wasn't for a Welshman we would have left our stall here on our second day... I'm going back a few years now,' meddai hi 'and it was only our second Saturday trading at The Saturday Farmers Market in Dublin, and

I think he was an ex-Welsh Rugby Player, he had a red beard...'

'Was he called Ray Gravell?' holes i.

'Yes, yes, yes,' meddai hi. 'He was lovely, the loveliest man that I ever met!'

Beth o'dd wedi digwydd o'dd bod Grav wedi mynd ati a holi, 'Hey, how's trade today then?'

'Oh, not very good, we haven't sold a lot.'

'Give me the basket.'

A fel o'dd hi'n dweud, yr unig beth welodd hi o'dd Grav yn cerdded lan y grisie tuag at y stryd fawr, a basged yn llawn wystrys ac yntau'n canu, 'In Dublin's fair city, where the girls are so pretty... Cockels and muscles alive, alive oh!'

'And then,' medde hi, 'In about an hour's time he came back with loads of money and an empty basket. He'd sold them all at double the price we were asking for them.'

Bob tro byddai rhywun yn ei gyflwyno fel Ray Gravell, a'i fod wedi chwarae i Lanelli, i Gymru, i'r Barbariaid a'r Llewod bydde fe'n dweud, 'Test Lion, Test Lion' ac yn gweiddi 'A'r Irish Wolfhounds!'

Un stori sy'n dweud popeth am Grav falle. Pan o'n ni'n darlledu yn Abertawe, bob dydd Gwener bydden ni'n mynd o Stiwdio y BBC sydd ar bwys Oriel Glynn Vivian, a bydden ni'n mynd lawr rhyw lôn fach gul tu ôl i ryw swyddfeydd ar yr High Street yn Abertawe, a fan'na bydden ni'n cael brecwast. Do'dd e ddim y caffi mwya delfrydol ond Gwyddel o'dd yn ei gadw fe, so o'dd rhaid i ni fynd at Eamonn. Beth bynnag, yn amal iawn bydde criw y 'call centre' mas yn cael sigarét, wrth bo ni'n mynd lawr y lôn fach gul 'ma, doedd hi ddim mwy na rhyw alley fach a bydde Grav wastad yn siarad 'da nhw, a hefyd fe fydde 'na wastad rhyw ddau neu dri o bobl digartre yno. Un bore 'ma Grav, bydde fe wastad yn rhoi rhywbeth i'r digartre, yn sylwi bod un boi newydd yno. Dodden ni ddim wedi'i weld e yno o'r blaen, boi eitha ifanc ac o'dd golwg druenus arno fe, a dyma Grav yn mynd i'w boced ac yn estyn £5 iddo fe gan ddweud, 'You spend that on food now, you promise? You spend that on food!' 'Yea, yea' meddai'r boi, 'fine, fine.'

Beth bynnag, o'n i lawr yn Abertawe yn gwneud rhywbeth arall mewn rhyw wythnos, ac yn mynd lawr yr alley fach 'na i gael paned o de yn y caffi arferol. O'dd y boi bach ro'dd Grav wedi rhoi £5 iddo yno a dyma fe'n gofyn,

'Oh, is Grav with you?'

'Oh no, he's not with us today, no no.'

Dyma fe'n mynd i'w boced a nôl receipt, 'Can you show him this?' a rhoddodd dderbynneb jyst i nodi taw brechdane ro'dd e wedi'u prynu gydag arian Grav.

O'dd, ro'dd pawb yn dwli ar Grav.

Sion Thomas

Fel gohebydd byw mewn gemau rygbi y gweithies i fwya gyda fe ac yntau ar ystlys y meysydd. Ro'dd e fel magnet i bobol, yn gallu denu pobol ato. Dwi'n cofio bod allan yn Iwerddon, 'Sion, Sion, dere ata i nawr,' a finne'n edrych lawr ar y monitor o fy mlaen a dwi'n cofio meddwl, dw i'n nabod y boi 'ma sy 'da Grav ac ro'dd yn rhaid torri ato fe'n fyw. Dyma Grav yn dweud, 'Wel gyda fi nawr mae Christy Moore.' Iechyd, meddylies, mae e wedi cael gafel ar Christy Moore i fod ar ein rhaglen ni! Ro'dd Grav yn 'brilliant', ro'dd gymaint o barch gan bobl tuag ato fe ac ro'dd y pwysigrwydd bydde'r rhaglen yn ei hennill trwyddo fe'n anhygoel.

Cofio gêm arall mas yn Iwerddon, gêm gyfeillgar rhwng Cymru ac Iwerddon cyn gemau Cwpan y Byd ac roedd Grav mas ar yr ystlys wedi sylweddoli nawr nad o'dd ganddyn nhw gopi o 'Hen Wlad fy Nhadau' yn y Gymraeg a bo nhw wedi ffeindio rhyw CD gyda 'Land of My Fathers' gyda rhyw gôr yn canu. Grav yn mynd yn 'absolutely' benwan ac ro'dd e rownd Lansdowne Road, yr hen Lansdowne Road fel corwynt. Ro'dd e wedi ei gythruddo'n lân yn hamro dryse, cyn ffeindio bocs Llywydd Rygbi Iwerddon. Mewn â fe a mynnu cael gair â'r Llywydd a dweud wrtho bod hyn yn 'absolute disgrace'. Yn y diwedd ffeindion nhw rywun i ganu 'Hen Wlad fy Nhadau' ac ro'dd Grav wedi achub y dydd unwaith 'to.

Ond ro'dd e hefyd, a dwi'n siŵr na fydde Grav ddim yn meindio i fi ddweud hynny, ro'dd e hefyd weithie yn blydi niwsans. Bydden ni'n darlledu gemau rygbi yn fyw, roedd e'n rhan allweddol o'r tîm, ro'n inne'n gorfod cyfarwyddo yn fyw ac roedd rhaid i Grav fod yn dawel weithie. Bydde rhyw fath o côd 'da y ddau ohonon ni, o'dd wedi'i ddatblygu dros y blynyddoedd. Ro'dd Grav yn cysylltu weithie pan o'n i'n fisi iawn ac yn trio cyfarwyddo, ond bydde fe am siarad â fi. Bryd hynny bydde'n rhaid dweud wrtho fe, 'Na, ddim nawr, Grav,' a 'Radio Silence!' o'dd y geirie. Yna bydde Grav yn ymateb, 'O ie, dim problem, deall yn iawn, Sion, deall yn iawn, over and OUT! OUT! OUT!' Fel 'na'n union bydde fe. Bydde 'na lai o sŵn siŵr o fod tasen i jyst wedi bodloni siarad ag e.

O'dd 'na gêm arall lan yn yr Alban, gêm Chwe Gwlad yng Nghaeredin, Yr Alban yn erbyn Cymru ac roedd Cymru yn chwarae'n dda a hanner ffordd at ennill y Gamp Lawn gynta ers blynydde. Ro'dd Grav yn fan'na nawr lawr ar yr ystlys ac ro'dd hi rhyw ddeg munud cyn mynd ar yr awyr, yna pum munud cyn y gêm ac yna 'two minutes to transmission' ac ro'dd rhyw hanner awr o build up gyda ni, a rhaglen reit gymhleth. Edryches i lawr achos ro'dd banc o fonitors o 'mlaen i ac ro'dd 'na ryw sgyffl i'w gweld ar un o'r camerâu. Dwi'n cofio meddwl, iesgyrn, be sydd yn mynd mlân lawr fan 'na? Y peth nesa llais Grav yn dod trwyddo, 'Sioni, Sioni. Dere ata i'n fyw. Dere ata i'n fyw nawr,' a wedes i wrtho fe, 'Grav, ni ar fin mynd ar yr awyr, Radio Silence, Radio Silence, ac o'n i'n disgwyl yr 'OUT! OUT!' Ond 'Sioni, Sioni, dere draw, dere nawr,' ges i. Edryches yn agosach ac ro'dd Grav yn dala rhyw foi mewn headlock ac ro'n i'n meddwl 'iesgyrn, be sydd yn mynd ymlaen yn fan hyn?'

Mewn â ni i'r 'titles', Gareth Roberts yn dweud 'Croeso atom ni i Murreyfield, a syth â ni lawr at yr ystlys at Ray Gravell' a dyna lle ro'dd Grav â'r boi 'ma mewn headlock. Pwy o'dd e? Hyfforddwr yr Alban, Matt Williams, boi o Awstralia o'dd e'n wreiddiol a nath e hyfforddi'r Alban am ryw ddau neu dri thymor. Boi tal golygus o'dd Matt Williams a gwallt arian eitha hir 'da fe – o'dd e ddim yn edrych fel 'typical coach'. Ond dyna ni, lawr at Grav a Matt Williams mewn headlock, a chyflwyniad Grav o'dd, 'Croeso, croeso aton ni. Ma 'da fi Robert Redford yn fan hyn, hanner awr cyn y cic off. Robert Redford, how do you think the game is going to go?' A Matt Williams yn chwerthin, ro'dd e'n meddwl bod hyn yn 'hilarious'. O'dd 'da fe gêm mewn hanner awr ac ro'dd Grav wedi torri pob protocol.

Wrth feddwl am Undeb Rygbi'r Alban, y nhw mwy na thebyg o'dd un o'r undebau rygbi mwya ceidwadol, mwya gwrth-media o safbwynt cael unrhyw ganiatâd i gyfweld eu chwaraewyr neu eu hyfforddwyr ar ddiwrnod y gêm. Ro'n nhw 'off limit'. Y ffaith bod Grav wedi ca'l y boi 'ma mewn headlock yn fyw ar dop y rhaglen, wel ro'dd e'n sgŵp i S4C. Ro'dd BBC Llundain yn benwan achos chafon nhw ddim un cyfweliad, a'r ffaith bod S4C wedi llwyddo i gael cyfweliad gyda hyfforddwr yr Alban yn fyw hanner awr cyn y gêm, yn dân ar eu croen. Daeth dyn y wasg yr Alban aton ni a hamro ar ddrws ein tryc, fel banshi, yn gwneud pob math o gwynion, ond dyna fe, dyna fel ro'dd Grav. Ddoth na'm byd o'r cwynion ac ro'dd S4C wedi cael sgŵp, diolch i Grav.

Ar nodyn personol wedyn, bydde fe'n ffonio fi byth a beunydd yn ystod y tymor rygbi, rhyw ddeg gwaith y diwrnod weithie, 'Any news? Any news?' a malu awyr am hyn a'r llall. Ar y diwrnod cyn iddo farw'n sydyn mas yn Sbaen, ro'n i lan yn Newcastle mewn cyfarfod, a jyst cyn mynd i mewn i'r cyfarfod, Grav ar y ffôn a bu bron i fi ag anwybyddu'r alwad a meddwl 'ffonia i e'n ôl' ond atebes i'r alwad a gaethon ni sgwrs hyfryd. Ro'dd e mas yn Sbaen gyda'r merched yn joio ac wrth gwrs, y diwrnod wedyn gethon ni'r newyddion ein bod ni wedi'i golli fe. Y peth 'na i byth, byth difaru yw 'mod i wedi codi'r ffôn 'na ac wedi derbyn y sgwrs ola 'na 'da fe. Mae'n anodd meddwl ei fod wedi mynd ers deng mlynedd.

Profiad arbennig i fi oedd cyfarwyddo'r cynhebrwng yn fyw ar y teledu. Ro'n i wedi disgwyl torf ac yn disgwyl iddo fod yn emosiynol, ond iesgyrn, roedd Cymru gyfan yn galaru. Ro'n i mor ddiolchgar am y cyfle ac ro'dd e'n neis, falle, cael gwneud rhywbeth i'r hen ffrind, wrth dalu'r deyrnged ola...

Bydde hi'n hwyl teithio yn ei gwmni, dim bwys pa wlad y bydden ni'n mynd, Iwerddon, Awstralia, ble bynnag, ro'dd pawb yn nabod Grav. Ond ro'dd e'n casáu bod bant yn rhy hir. Wrth fynd gyda fe i rywle, wedi'r gêm, y cwbwl ro'dd e'n moyn gwbod o'dd beth o'dd y trefniade ynglŷn â mynd gatre, achos ro'dd e eisie mynd yn ôl at Mari a'r merched. Fydde fe byth isie bod yn rhy bell o gatre. Ond ro'dd c'n brofiad grêt gweithio gyda fe, ro'dd yn ohebydd unigryw, a phawb yn moyn ac yn falch ca'l siarad ag e.

Marc Griffiths (Marci G)

Wel, ges i'r cyfle i gydweithio gyda Grav, sawl blwyddyn yn ôl bellach, ar raglen *Grav o'r Gorllewin* ar Radio Cymru, pan o'dd e'n cyflwyno rhaglen dwy awr, o hanner awr wedi wyth tan hanner awr wedi deg bob bore. Fy jobyn i o'dd gwneud yn siŵr fod pob dim yn barod yn y stiwdio, bod y caneuon yn barod i'w chware ac wrth gwrs bod y coffi, neu'r te yn

barod iddo fe. Dwi'n cofio do'dd e ddim isie lla'th, a dim isie siwgwr o gwbwl yn y te na'r coffi. Ie, dyna'n jobyn i ac ro'dd e'n brofiad... wel, bythgofiadwy a dweud y gwir achos ro'dd e'n dipyn o gymeriad.

Bwriad y rhaglen oedd mynd mas at y bobl i neud y rhaglenni ac fe fydde Grav, wrth gwrs, yn siarad gyda phawb. Gallai gyffwrdd â phob math o berson boed oedolyn neu blentyn. Beth o'dd yn grêt am Grav, bydde fe'n cyflwyno ei hunan i bob un y bydde fe'n ei gwrdd, er nad o'dd isie i Grav gyflwyno ei hunan gan fod pawb yn ei nabod wrth gwrs, ond dyna beth fydde fe'n neud ac mae'n brawf o berson mor wylaidd oedd e. Fe deithies i gyda fe ar draws y gorllewin a chael y pleser o gwrdd â'i ffans mwya. Rhaid cyfadde, bydde fe'n cwmpo dros y cables, gwasgu'r botyme anghywir ac yna'r geirie fydde'n dilyn o'dd 'Wps y deri dando'.

Pan fydde'r caneuon yn cael eu chwarae ar ei raglen, bydde Grav ar y ffôn yn ffonio'i ffrindie, a hefyd yn ffonio y siop fetio yn Crosshands i roi bet fach ar ambell i geffyl. Wedi'r rhaglen wedyn, fe fydden ni'n galw yn Caffi Rhiannon yn Crosshands ar y ffordd gatre i gael brecwast ac wrth gwrs, ro'dd pawb yn 'i nabod e yn y caffi, a fan'na bydden ni am ryw awr neu ddwy arall yn clebran. Ar ei ben-blwydd rhoddes i ddarlun o Senedd Owain Glyndŵr yn anrheg iddo fe. Roedd yr emosiwn yn amlwg ac yn dystiolaeth o'r edmygedd mawr oedd gyda fe i'w arwr.

Dewi Wyn Williams (Dewi Tsips)

Yn 1992, cafodd Ray ran yn *Damage*, ffilm wedi ei chyfarwyddo gan Louis Malle gyda Jeremy Irons, Juliette Binoche a Miranda Richardson ymysg y rhai oedd yn serennu.

Roeddwn yn gweithio fel golygydd sgript yn y BBC ar y pryd, a Ray yn sylwebydd rygbi. Roeddwn wedi dod i adnabod Ray trwy fy nhad, yr actor Glyn Pensarn, a oedd yn ffrindiau gyda Dafydd Hywel, un o ffrindiau gorau Ray a bydde'r ddau ohonon ni'n cael sgyrsiau byr ac yn tynnu coes ein gilydd ar y coridorau.

Digon yw dweud bod Ray wedi gwirioni pan gafodd ran yn ffilm yr enwog Louis Malle, rhan 'Dr Fleming's chauffeur'. Ac yn gyson iawn â'i natur obsesiynol, roedd e'n nerfus iawn, er mai dim ond un llinell oedd ganddo sef 'To the station, sir?' A gan 'mod i'n ei adnabod ac yn yr adran ddrama, roedd Ray yn hoffi ymarfer ei linell wrth fy mhasio ar y coridor.

'O, Dew bach, Dew bach, shwt byddet *ti'n* gweud y lein 'ma?' cyn stopio'n ddramatig, lledu ei freichiau ac adrodd y llinell, 'To the station, sir?'

Wrth gwrs, fe fyddwn yn ei gywiro, wel, ei gamgywiro!

'Na, Ray. Ma' dy bwyslais di'n rong.'

'Rong? Rong?! Whoa! Plîs gwed 'tho i, Dew bach, shw ma'i gweud hi'n iawn, 'te?' ac fe fyddwn inna, wrth reswm, o hynny ymlaen – am wythnosau yn awgrymu cambwysleisiadau amrywiol iddo, ar yr un llinell honno. Cambwysleisiadau megis:

'*To* the station, sir?' neu

'To *the* station, sir?' neu

'To the station, *sir*?' gan yrru Ray o'i go'!

'Whoa! Paid, paid, Dew bach. Ti'n nrysu fi'n lân nawr!' … cyn iddo ymlwybro i lawr y coridor gan adrodd ar dop ei lais, 'To the station, sir?' mewn amrywiol ffyrdd.

Roeddwn yn falch o weld bod y llinell wedi ei chynnwys yn y ffilm ac wedi osgoi'r 'cutting room floor'. Rhaid bod y pwyslais wedi bod yn berffaith gan Ray, a'i arwr Louis Malle wedi ei blesio.

Actorion a Gohebwyr

Gary Slaymaker

Y tro cynta i fi ddod ar draws Grav o'dd pan o'n i'n gwitho fel clerc, i'r Recorded Programes Library yn niwedd yr wythdegau, ac ro'n i ar y pryd yn hyrwyddo'r rhaglen *Street Life*. Mynd i mewn un bore i gasglu tapiau oddi ar silffoedd BBC Radio Wales ro'n i, a digwydd clywed y sgwrs rhwng Grav a'r Doctor ar i raglen wythnosol. Y bore 'ny, trafod 'nocturnal emissions' o'n nhw, a'r doctor yn sôn am ddynion ifanc yn cael breuddwydion gwyllt ac wedyn, yn sydyn reit, yn dod yn eu cwsg fath o beth.

Dywedodd y doctor, 'It can be quite traumatic!'

A medde Grav, 'Yes, I understand that. One minute you're asleep, and the next you're awake, and you're covered in the stuff!'

Wel, os do fe, o'dd pen y cynhyrchydd ar y ddesg ac ynte'n ei bwno â'i ddwrn, a phawb arall yn y stiwdio yn wherthin nes 'u bod nhw'n wan.

Erbyn cyrraedd dechrau'r nawdegau ro'n i'n gwitho'n

rheolaidd yn BBC Abertawe, ac yn bwrw miwn i Grav o leia unwaith yr wythnos. Mor belled â dwi'n gwybod, yr unig berson erioed sydd 'di dod lan tu ôl i fi, gafel yndda i, 'nghoglis i a galw fi'n 'Slei Bach'. Sna'm byd 'bach' amdana i, nag o's e nawr?

Yn ystod y cyfnod 'ny pan fyddwn i'n gweld Grav yn rheolaidd, doth e draw ato i un bore a wedodd e,

'Sley, Sley, ti'n deall dy ffilms, yn dwyt ti?'

'Wel, odw, Grav...'

'Ti 'di clywed am Louis Malle?'

'Ydw, ma fe'n un o gyfarwyddwyr ffilm amlyca America,' wedes i a dechre rhestru'r ffilmie ro'dd e wedi 'u gneud. A dyma fi'n gofyn iddo fe, 'Wel pam ti'n holi, Grav?'

'Wel, fi 'di ca'l part mewn ffilm ma fe'n neud. Ti'n meddwl y bydda i'n neud yn alright, wyt ti?'

'Wel, gnei di'n arbennig,' meddwn i. 'Byddi di'n iawn. Ma'r boi hyn yn foi da gyda'i actorion, so grynda di ar bopeth bydd e'n gweud wrthot ti.'

Damage o'dd y ffilm buodd Grav ynddi ac er nad o'dd hi'n rôl sylweddol yn y ffilm, ro'dd hi'n rôl bwysig achos fe o'dd yn chwarae'r chauffeur i gymeriad Jeremy Irons yn y ffilm. Byti chwe mis yn ddiweddarach, da'th e'n ôl ac o, ro'dd e wedi joio ac yn canmol Louis Malle i'r cymyle a hefyd Jeremy Irons a Juliette Binoche. Rhyw flwyddyn yn ddiweddarach fe weles i'r ffilm a fi'n cofio fe 'to, yn dod ata i a holi,

'O'n i'n olreit, o'n i'n olreit?'

'Grav bach, wrth ystyried y cwmni o't ti'n gadw, nes di'n syndod o dda!'

A fel 'na odd Grav, talentog ar y cae ac ro'dd 'da fe dalent oddi ar y cae 'fyd. Ond eto i gyd ro'dd e mor swil a diymhongar, ro'dd hi'n anodd credu weithie bod e'n siarad 'da ti fel y bydde fe.

Rhyw chwe mis yn ddiweddarach ro'dd 'na ddrama wedyn ar BBC 1 o'r enw *Filipina Dreamgirls* ac ro'dd Grav yn un o'r cymeriade, ac os unrhyw beth, yr unig reswm nes i bara i wylio'r ffilm gyfan o'dd er mwyn gweld perfformiad Grav. O'dd e'n chware rhan boi o'dd yn gweithio i'r cyngor yn dal llygod ffyrnig ac ro'dd e newydd golli ei fam ac wedi mynd mas i'r Philippines i chwilio am bartner. Ac o'r holl gymeriade a'r holl storïe o'dd yn cael eu hadrodd fel rhan o'r stori, un Grav o'dd yn dala sylw'r gynulleidfa orau. Unwaith 'to, bwmpes i mewn i Grav yn Abertawe y dydd Mawrth ar ôl i'r ffilm fynd mas, a jyst dweud wrtho gymint o'n i wedi mwynhau'r perfformiad, a Grav eto, jyst yn edrych yn syn ac yn synnu ei fod e wedi gwneud jobyn cystel.

Bydde Grav a Frank Hennessy yn neud rhyw fath o Noson Lawen yn Saesneg gogyfer â Radio Wales, lle bydden nhw'n mynd rownd trefi yng Nghymru a rhoi noson o adloniant gan ddefnyddio talentau lleol. Dwi'n cofio'r tîm cynhyrchu yn Radio Wales yn cysylltu 'da fi yn gofyn a fyddwn i'n fodlon neud 'stand up' iddyn nhw yn y Llew Du yn Llanbed ar gyfer y nosweth. Un peth wedon nhw ar y pryd, bod yn rhaid i fi fod yn wleidyddol gywir, a bod yn rhaid i'r storïe fod yn lân. Ma' unrhyw un sydd wedi gweld fi'n fyw yn gwneud stand up yn gw'bod, dyw'r geirie 'na ddim yn perthyn i'n set i. So, ro'n i 'mbach yn nyrfys achos o'dd rhaid i fi sgrifennu set newydd sbon, un gwbwl lân, ac ar ben hynny o'n i'n mynd i fod yn perfformo o flân bobol gatre, pobol o'n i'n nabod ers o'n i'n un bach. Chware teg, nes i'n set a dal i deimlo 'mbach yn 'twitchy' a da'th Grav lan ar 'yn ôl i a jyst gweud,

'I know it's very difficult, he's performing in front of friends and family,' ac ar ben hynny wedyn nath e dalu teyrnged i 'Nhad, achos o'dd 'Nhad wedi chware lot o rygbi ac wedi ymwneud wedyn â byd rygbi ac ro'dd Grav yn 'i nabod e.

Yn ddiangen unwaith eto, ond jyst dangos y math o ddyn o'dd e. Ro'dd e eisie diolch i fi o waelod calon am 'y ngwaith. Fel gymaint o bobol erill, alla i ddim meddwl am ddim byd ond pethe da i weud am Grav.

Dafydd Hywel

Ro'dd hi'n ddiddorol y ffordd gwrddais i â Grav gynta. Fi'n mynd nôl i ddechrau'r saithdegau nawr. O'n i'n hware i Glwb Rygbi Cymry Caerdydd yn erbyn Llanelli Athletic ac o'dd Llanelli yn hware yn y Strade, yn y pnawn. Dw i'm yn cofio yn erbyn pwy oedden nhw'n hware ond wedyn pwy o'dd 'na ond Carwyn James, ac ro'dd *Miri Mawr* yn ei anterth yn y cyfnod 'ny. A dyna sut ces i 'nghyflwyno i Grav am y tro cynta 'W't ti'n nabod y boi hyn, Raymond?' holodd Carwyn a Grav ddim yn siŵr pwy o'n i, 'Dyma Caleb,' medde fe. A Caleb fues i wedyn, a dethon ni'n ffrindie mawr.

'Nes i ryw bedair ffilm gyda fe, siŵr o fod, a fi'n cofio un ohonyn nhw, nethon ni *Rebecca's Daughters*. Gafon ni lot o sbri yn gwneud honno gyda Peter O'Toole. Marina Monios, y ferch make up, ddwedodd y stori 'ma wrtha i. O'dd Grav nawr wedi gwisgo lan fel Rebecca, ei ddillad yn ddillad menyw, ac o'dd e wedi gweld O'Toole yn mynd i mewn i'r garafán i ga'l ei make up wedi ei wneud. Marina o'dd yn adrodd y stori, a dyma Grav yn dod i mewn a dyma Marina yn dweud,

'Oh Peter, this is Ray' a nag o'dd 'da fe lot o ddiddordeb ynddo fe, dim ond rhyw, 'Oh, how are you?'

Dyma'r ddau yn rhyw ddechre siarad wedyn, a medde Ray,

'Oh, I'm friendly with a friend of yours, Richard Harris.'

'Oh yes, I know Richard Harris, how do you know Richard?'

'He's good friends with Terry James, the musician, that's how I met him.'

A dyma Marina yn dweud, 'Oh, Peter, Ray used to play rugby.'

'Oh yes?' Ro'dd O'Toole yn dwli ar ei rygbi, yntyfe. 'Who did you used to play for then?'

'Oh, Llanelli,' wedodd Grav.

O'dd O'Toole yn dechre dangos diddordeb yn Ray erbyn hyn.

'*&^%$ Llanelli?' O'dd 'na lot o 'Fs' yn iaith Peter O'Toole.

'Yes' medde Grav

'When was that then?'

'Oh, a few years ago now.'

'How many times did you play for them then?'

'Nearly 500 times,' medde Grav.

'*&^%$ hell, hang on now!' ac ro'dd e'n dechrau mynd yn really excited erbyn hynny.

'So you know Phil Bennett and Gareth Edwards and all those boys.'

'Oh yes,' medde Grav.

'Did you play against them, did you?'

'I played against them and with them.'

'You played with them and against them. *&^%$ hell, hang on now, what position were you playing then?'

'Oh, Centre!'

'Oh, who was the best player you played against then?'

A dyma Grav yn dweud, 'Mike Gibson of Ireland.'

Ac yn sydyn reit, dyma'r Laurence of Arabia 'ma'n codi ar ei draed, a twlu ei dywel oddi ar ei ysgwydde.

'Are you telling me that... you're not The Ray Gravell are you?'

A wedodd Grav, 'Yes, I am.'

'Well, *&^%$ hell! Wait 'til I go back to London and tell the boys that I'm making a film with Ray Gravell!'

Fi'n cofio ni 'fyd yn ffilmio yng Nghastell Caerffili ac o'n i'n actio un o'r 'headers' hyn. Fi o'dd y 'mountain fighter' a wedes i wrth Karl Francis, y cyfarwyddwr (ro'n ni yn y castell ei hunan, so o'dd view ffantastic tu mewn) ro'n i i fod ennill y ffeit hon, ac awgrymes i'r cyfarwyddwr,

'I tell you what Karl, I'll go over to Grav see, and tell him to finish the fight off.'

'Good idea D H, good idea,' wedodd e.

So ma fi lan at Grav a dweud wrtho fe, 'Gwranda nawr, jyst cyn bo fi'n cwpla'r blydi ffeit 'ma, bydda i'n disgwyl arna ti reit, a bydda i'n pwyntio, a dere di mewn.' Wel, blydi hel, da'th e mewn, o'n i'n meddwl bod Grav yn mynd i'w ladd e. O, gafon ni lot lot o sbri yn gwneud y ffilm 'na.

Nethon ni lot o *Nosweithie Joio* 'da'n gilydd Grav, finne a Sue Roderick, a Goss (Euron Davies) yn chware piano.

Bydde Ray wrthi'n dweud 'i storïe, a bydde pobol mewn stitsys gyda fe, wrth iddo fe ddod mas â'r storis 'ma i gyd. Ro'dd e'n nabod cymaint o bobl ac wrth ei fodd yn sgwrsio drost beint, neu wisgi bach. Y fe Grav nath fy nghyflwyno i i'r wisgi Jack Daniels. O'n i'n chwarae rhan Jack Daniels yn *Pobol y Cwm*, tua 1984 odd hi, a wedyn prynodd Grav botelaid a'i rhoi i fi, 'Bydd hwn yn neis i ti,' medde fe a chwerthin mawr.

Emyr Wyn

O'n i'n nabod Grav, wrth reswm, ers blynydde mawr, ers y 70au, gan ei fod yn ffan o Mynediad Am Ddim, a bydden ni'n dod ar draws ein gilydd trwy'r amser gan ei fod e'n chware i'r Sgarlets. Ond fi'n credu ma'r tro cynta i fi weithio gydag e o'dd ar raglen o'r enw *Teuluffôn*. Bydde honno'n mynd mas yn fyw, ar nos Iau os dwi'n cofio'n iawn, ac roedd tri ohonon ni'n cyflwyno. Gan ei bod hi'n rhaglen fyw, o'dd rhaid gwneud rhyw ychydig bach, wel, eitha tipyn o baratoi a gweud y gwir. Felly, trwy'r dydd Mercher, bydden ni'n paratoi ar gyfer y dydd Iau, a mynd 'Ar yr Awyr' am hanner awr wedi saith neu wyth o'r gloch, beth bynnag oedd yr amser, a hynny am awr. Roedd hi'n rhaglen reit gyflym i wneud, bydde na bobol yn ffonio mewn ac yn cymryd rhan mewn cystadleuthe a gweithgaredde ac felly roedd rhaid cael rhyw fath o drefen. Ond, do'dd Grav ddim yn un am drefen eriod, un yn hoffi gwneud pethe 'off the cuff' odd e, a dyna un o'i gryfdere mawr e wrth gwrs. Ond o'n i yn y canol, fel rhyw fath o 'angor ddyn', yn ceisio cadw fe dan reolaeth yn amal iawn, iawn. Ond, ro'dd hi'n holl, holl bwysig ein bod ni'n cael yr ymarfer 'ma ar ddydd Mercher i baratoi popeth, fel bod pawb yn gwbod beth i'w wneud, achos bydden ni mewn yn y stiwdio wedyn ar fore dydd Iau, ac yn cael rhyw dair neu bedair 'run through' cyn bo' ni'n gwneud y rhaglen yn fyw am awr gyda'r nos.

Felly bob dydd Mercher bydden ni i gyd yn HTV i gael yr ymarfer, a'r 'run through' 'ma. Fi'n cofio un dydd Mercher, troi lan, Mari Pritchard, finne, Gareth Roberts, Paul Jones y cynhyrchydd a'r cyfarwyddwr. Yna, dyma ni'n aros ac aros, cyrhaeddodd pump o'r gloch, chwech o'r gloch – bydden ni'n gweithio'n eitha hwyr ar y dydd Mercher. Dim sôn am Grav. O'dd hi'n gyfnod cyn y 'mobile phones' ac ati, neb yn gwybod dim yw dim amdano. Nethon ni'r ymarfer hebddo fe. Dyma bore dydd Iau yn cyrraedd a wedyn, pwy o'dd y cynta i mewn, ond Grav. 'Ooo, ooo, sori bois, sori bois, ohhh, ffaelu'n lân â gneud hi pnawn ddoe na neithiwr. O'n i'n dost, o'n i yn 'y ngwely'n dost.'

'Ond ti'n well nawr.'

'Ooo, lot yn well, lot yn well, o, ma'n ddrwg calon 'da fi.'

A dyma Paul Jones jyst yn troi rownd a dweud 'Lle o't ti mewn gwirionedd?'

'O'n i yn 'y ngwely, o'n i... o'n i'n ffaelu symud!'

'Wel, o ti'n symud yn eitha da ar faes y Gnoll neithiwr, pan o'dd Llanelli'n chwarae yn erbyn Castell-nedd, ta beth!'

Wel son am chwerthin! Ond o'dd e'n eitha serIws hefyd, achos dyna'r cyfnod pan o'dd y rygbi yn dechrau dod yn rhwystr i'w yrfa newydd e. Ro'dd yn rhaid iddo neud y dewis. Ond ro'dd e mor 'genuine', eto mor ddiniwed yn meddwl na fydde neb yn sylwi ei fod e'n chwarae i'r Sgarlets, pan ddyle fe fod yn gweithio yng Nghaerdydd! O'n i'n gwybod fod Onllwyn Brace wedi'i fygwth e unwaith neu ddwywaith bod yn rhaid iddo ddewis rhwng ei chwarae a'i yrfa. Ga'th e ryw 'final warning' mewn gwirionedd. O'dd hyn yn 1984/85 ac fe gwplodd e whare yn '85. Fe wharaeodd e, fi'n credu, 485 o weithie i'r Sgarlets, a ro'dd e'n daer, yn moyn cyrraedd y 500. Dim ond rhyw un neu ddau o'dd wedi whare 500 o gemau i'r Sgarlets, a dyna pam ro'dd e mor daer i gyflawni hynny. Dyna'r rheswm wrth gwrs y gwnaeth e ddweud celwydd, jyst i geisio cyrraedd y nod yna, er bod hynny yn peryglu ei yrfa newydd. Ie, 'O'n i'n dost, o'n i yn fy ngwely yn ffaelu symud.' Anghofia i fyth lein Paul Jones iddo fe 'ond o't ti'n symud yn dda iawn i Lanelli ar y Gnoll neithiwr ta beth,' a fynte'n ateb, 'Ohhh, bois, ohhhh, ohhhh, chi 'di'n nala fi nawr, chi di'n nala i'.

Dwi'n cofio gêm yn cael ei threfnu ar gyfer *Pobol y Cwm* lle ro'dd Cwmderi yn chwarae yn erbyn Llanarthur, sef dau bentre yn whare yn erbyn ei gilydd, rhyw gêm arbennig, er 'sa i'n cofio pam, ond mae llun 'da fi ar y wal. Ro'dd Ray yn chwarae i Gwmderi ac ro'dd Delme Thomas yn whare i Lanarthur. Ray yn meddwl y byd o Delme wrth gwrs. Ro'dd hyn yn mynd mas fel rhan o bennod *Pobol y Cwm* wrth gwrs, tua 1979-80. Chwaraeon ni'r gêm, gan dorri'r gêm lan ar gyfer y ffilmo. Hyd yn oed mewn gêm fel 'na, ro'dd Grav yn ffili dala nôl, bydde fe'n bwrw ati gant y cant ond diolch

byth ro'dd e yn ein tîm ni. Bydde'r gêm yn ca'l ei stopo er mwyn gwncud rhyw symudiade ar gyfer ffilmo ac ati, a da'th hi'n amser i ffilmo 'lineout'. Ro'dd Dic Deryn a Dai (Sgaffalde) yn y lineout i Gwmderi a Delme Thomas yn y lineout i Lanarthur ac o'n ni fod cystadlu am y bêl. Dyma'r cyfarwyddyd yn dod lawr o'r sganer 'right, tell Emyr to let Delme win the ball'. Hynny yw, ni'n sôn yn fan hyn nawr am un o'r 'lineout jumpers' gore fuodd yn hanes y gêm, a hwnnw yn jwmpo dros Lanarthur yn erbyn Dai Sgaffalde a blydi Dic Deryn i Gwmderi a'r cyfarwyddyd yn gweud, 'tell Emyr to let Delme win the ball!' Ma Delme jyst yn troi rownd aton ni, gyda thipyn bach o atal dweud 'D... dria i 'ngore nawr, d... d... dria i 'ngore bois' a Grav wrth ei fodd yn clywed hyn ac yn chwerthin a chwerthin. Rhyw atgofion fel 'na sy 'da fi, lot o sbort.

Rhys Bleddyn

Cwrddais â Ray am y tro cyntaf go iawn yn stiwdio Barcud ger Caernarfon, a hynny ar fore oer yn nechrau'r nawdegau. Perfformio monologau oedd y ddau ohonon ni er mwyn cael eu dangos fel rhan o arddangosfa yng nghanolfan newydd Celtica ym Machynlleth – Ray yn filwr Celtaidd, a minnau'n fardd.

Edrychai'r stwidio'n enfawr gyda dim ond un camera ac autocue ac er bod presenoldeb Ray yn llenwi'r lle, ro'dd e'n llawn nerfe ac yn chwys oer i gyd.

'I can't do it. I don't know it! You'll have to have somebody else,' proffwydai Ray wrth sefyll ger y camera ar ôl cornelu'r cyfarwyddwr.

Mentrais ysgwyd llaw y cawr petrus, cyn cynnig,'Liciech chi i fi fynd drosto'r llinellau gyda chi yn y stafell werdd?' Anghofia i fyth mo'i wên ddiolchgar.

Mewn cwta dim amser, galwyd ar y ddau ohonon ni yn ôl i'r stiwdio drachefn, a Ray yn diolch i fi droeon wrth i ni ymlwybro tuag yno.

Fy nhro i oedd gyntaf, ond dwi ddim yn siŵr wnaeth hynny lawer o help i dawelu nerfau Ray. Roedd e'n wyn fel y galchen, a mynnodd 'mod i'n sefyll wrth yr autocue pan oedd yn perfformio, rhag ofn y byddai angen cymorth arno. Wrth gwrs, ro'dd e'n ardderchog, a mynnodd fy nghofleidio ar ddiweddy y take, fel petaen ni'n dau yn filwyr go iawn wedi gorchfygu'r gelyn.

Dri mis yn ddiweddarach ac ro'dd y sefyllfa'n dra gwahanol. Roedd hi'n ddiwrnod crasboeth yn Llandaf, a minnau ar fy niwrnod cyntaf yn ymarfer *Pobol y Cwm*. Roeddwn wedi bod yn gweithio mewn theatrau ers chwe blynedd ac ro'dd y byd teledu yn newydd i fi. Ar ôl bore o *read throughs* annigonol, ro'dd hi'n amser cinio, a minnau wedi colli fy nghyd-actorion yn y lle mawr, anghyfarwydd yma. Sefais yn y ciw cinio yn y ffreutur yn teimlo'n chwithig braidd a daeth pwl anghyfforddus drosta i yng nghanol llu o wynebau cyfarwydd, ond dieithr. Thorrais i'r un gair â neb wrth i fi dalu, ac edrych o gwmpas y lle gan drio dod o hyd i le tawel i eistedd, ar gyrion y pwysigion.

Daeth bloedd o'r gornel bella, 'Rhys, dere 'ma, dere 'ma, Ray sy 'ma.' Roedd e wedi cofio'n enw i hyd yn oed. Cyflwynodd fi i bawb wrth ei fwrdd.

Byddai caredigrwydd yn dod yn reddfol i Ray. Gwnaeth i fi deimlo fel brenin mewn sefyllfa ansicr i fi a gwyddwn fy mod i ym mhresenoldeb Cymro unigryw.

Gareth Roberts

Y tro cynta i fi ddod ar ei draws o oedd yn yr hen stiwdios yn Pontcanna, pan oedd o'n gneud rhaglen o'r enw *Teuluffôn*, rhaglen oedd yn mynd allan yn fyw ac roedd hi'n rhaglen arloesol yn ei dydd, achos roedd pobl fyddai'n ei gwylio adre yn gallu ffonio er mwyn cystadlu. Mi ddoth petha fatha *Bwrw'r Sul* a beth bynnag wedyn ond *Teuluffôn* oedd y cynta, a hynny yn ôl yng nghanol yr wythdegau. Emyr Wyn oedd yr 'anchor man' yn y de, ond roedd 'na bedwar yn cyflwyno, Margaret Pritchard oedd yn gneud continuity ar HTV, Gaynor Davies, Ray Gravell ac Emyr Wyn. Ac roedd hi'n fyw yn doedd, a doedd Grav 'rioed wedi gneud rhaglen fyw cyn hynny, nag oedd, ac felly gellir dychmygu... achos roedd Grav, er gwaetha'r ffaith fod pawb yn meddwl amdano fel y cawr rygbi, eto mi roedd o'n gradur nerfus hefyd ac elfen o ansicrwydd yn perthyn iddo fo. Roedd o wastad isho gwbod 'oedd hwnna'n iawn?' a 'sut mae'r llais heddi?' Ac oedd ganddo habit... o'dd o'n dod ata i a gofyn, 'Gar, Gar, shwt ma'r llas heddi... Yee Ha, YEE HAAA!' Fatha rhyw Cowboy!

Ond, yn hwyrach wedyn, ar ôl dechra gweithio ar y Rygbi nes i ddod i'w nabod o'n iawn a beth ddoth yn sgil hynny ynde, oedd yr un ribidirês o straeon amdano fo. Yn y darllediad cynta yn y Gymraeg ar y teledu gwelodd stiwdio *Grandstand* ac fe gymerodd ei gyfle. Cafodd Grav ei siarsio i beidio gwisgo coch ond ei ateb oedd, 'Mae Lloegr yn chwarae yn erbyn Cymru, yng Nghaerdydd yn y Chwe Gwlad, ma pob un cwrcyn yn gwybod pwy dw i'n 'i gefnogi!'

Pan o'dd Grav yn cyfweld ar yr ystlys mewn gêm, fysa rhai'n gallu dadla na fydda fo'n gofyn cwestiynau treiddgar bob tro, ac na fydda fo'n gofyn cwestiynau anodd, ond welis i erioed neb yn gwrthod cael cyfweliad efo Grav. Mae 'na drefn yn does gan yr Undebau er mwyn cyfweld rhywun ac mae'n rhaid dilyn y drefn briodol i gael gafael ar rywun. Byddai Grav yn gweld rhywun fel Syr Clive Woodward, ynde, ac yn gweiddi 'Clive,' achos buodd o'n rhannu stafell efo fo ar daith y Llewod, yn do, a bydda Clive Woodward yn dod draw ac roedd cyfweliad gynnon ni yn y fan a'r lle. Roedd y gallu hynny ganddo, i ddenu rhywun diddorol draw i gael cyfweliad gydag o.

Rhywbeth arall ro'n i'n sylwi arno hefyd oedd, pan fyddan ni dramor yn ystod y Chwe Gwlad yn teithio i Iwerddon, Ffrainc, yr Alban neu yr Eidal, fe fydda Grav yn ffilmio cyfweliadau efo pobol ar y stryd, a be oedd yn rhyfeddu fi'n de, oedd ei fod o'n cofio enwau pobol. Roedd ganddo fo gof anhygoel am enwa pobol, a byddai'n fodlon rhoi o'i amser iddyn nhw. Roedd o'n denu pobol ato fo, yn doedd, roedd o'n gyfathrebwr heb ei ail. Oedd o'n gallu gneud efo pobol fatha Joan Collins a Catherine Zeta-Jones gystal â 'Will Cae Top' neu pwy bynnag.

Roedd Graf wrth ei fodd yn teithio i Iwerddon ac roedd ganddo ffrindiau agos yn byw yno. Beth yw Gwyddal? Cymro sy'n methu nofio, ynde! O'dd o 'di mynd draw i Iwerddon, flynyddoedd yn ôl rŵan ac ro'dd o'n ymweld â'r datarn 'ma, o'dd o 'di bod ynddi o'r blaen, telly roedd y bobol fyddai'n mynychu'r dafarn honno'n 'i nabod o'n dda ynde.

Ond doedd o'm 'di deud wrthyn nhw y bydda fo'n galw yno. Beth bynnag, cyrhaeddodd o'r dafarn, mi agorodd o'r drws ac roedd 'na foi yn eistedd ym mhen pella'r bar wedi gweld Grav yn cyrraedd, yn agor y drws ac yn cerdded i mewn. Dyma hwnnw'n gweiddi dros y bar ynde, 'Aia Ray!' Ac fe ddychrynodd y dafarn, roedd pobol yn dianc drwy'r drysau, yn llithro dan y byrddau achos be roeddan nhw yn meddwl iddo weiddi oedd IRA!

O'n i'n meddwl y byd ohono ac wrth fy modd bod yn ei gwmni o, roedd o'n gymdeithaswr heb ei ail. Ond, fe fydda fo'n mynd ar nyrfa dyn weithia ac roedd rhaid deud wrtho fo. Wrth ddarlledu ar S4C mae hysbysebion, so, bydd seibiant naturiol ar ddiwedd yr hanner cyntaf mewn gemau rygbi. Bydden ni'n mynd i'r adverts, yna'n llenwi faint bynnag o amser oedd gynnon ni i'w lenwi, cyn mynd yn ôl at yr adverts wedyn cyn i'r ail hanner ddechra. Wel, y patrwm weithiau oedd, wrth i'r hanner cynta ddod i ben, mi fydda Grav yn bachu cyfweliad efo rhywun yn syth os oedd o'n medru ac wedyn bydden ni'n mynd i'r egwyl. Rŵan ta, yn ystod yr egwyl wedyn, byddwn i yn y stiwdio yn cael clywed yn 'y nghlust beth fydda'r drefn i'r sgwrs efo'r arbenigwyr, ynde. O'n i'n gorfod gwrando yn fy nghlust rwân ar y cyfarwyddwr yn deud, 'Reit Gar dyma'r patrwm, i ddechra 'da ni'n mynd i sôn am hyn, gei di ofyn hwn i'r llall wedyn, 'da ni'n mynd i ddangos cais A, B, C' ac yn y blaen ac yn y blaen. Ond be fyddwn i'n ei gael yn 'y nghlust hefyd oedd blincin walkie talkie Grav, 'Hei Sion, Sion, shwd o'dd hwnna? O'dd hwnna'n ocê?' am ryw ddau funud, a dim ond tri munud oedd gynnon ni o adverts ynde! A byddwn i bron â gweiddi arno, 'Grav, cau dy geg, dwi isho gwybod be sy'n digwydd nesa!' Ond roedd o eisiau'r cysur neu'r cadarnhad 'na, yn doedd? So be o'n i'n ddweud oedd, 'Grav, Grav, Grav, radio silence, radio silence.' Wrth gwrs nerfusrwydd a brwdfrydedd oedd o ac isho plesio. Roedd o'n gymeriad enfawr, yn chwedlonol.

Frank Hennessy

Ray and I travelled together a lot during our long running series *On The Road*. Ray would often join me at some point along the way to our destination – say Builth Wells, heading for Bangor or some other town in the far north. He would park up, transfer his stuff into my car and usually ask if I was OK to drive the first 60 miles, and then he'd take over. Really? Ray would inevitably fall asleep immediately, only to wake up as we arrived at the appointed spot three hours later – fully refreshed and raring to go. I felt a bit like a lonely chauffeur.

On one trip, heading for Holyhead, I decided to keep him awake by engaging him in a riveting conversation on a subject close to his heart. So I fed him the question – 'Who is the greatest Welsh rugby player of all time?'

'Whoof! That's a good one,' said Ray, staring out as the countryside flashed by, obviously in deep concentration.

I waited in vain for his answer. It soon became apparent that he was in fact in a deep sleep. Almost 4 hours later, as we arrived at the hotel, his eyes opened and, without a pause, he shouted 'Barry John!'

I was amazed he'd even remembered my question, let alone formulated an answer.

'Barry John,' says I. 'The greatest of all time. Are you sure?'

'Absolutely,' replied Ray. 'He was the king.'

'What about Gareth?' I probed.

'Oh, yeah' says Grav, 'Gareth was the greatest.'

'And what about Gerald, J P R, Delme, Phil Bennett?' I followed up.

'Them too,' he replied.

I was confused. 'Come on Ray, they can't all be the greatest'.

'But they were Frankie – all the greatest.'

'What about you then. Where did you rate among the best?' I wondered.

'Oh,' he said 'I was just lucky to be in one of the greatest teams ever assembled. They made me look good.'

It was an insight to the humility of the man. And I loved him for it.

One night we were sharing a room in Barmouth when I began to feel unwell. After dinner I made my excuses and went up to our room early, leaving the team to have their usual convivial hour or two at the bar before retiring. I had a pain across my shoulders which I thought was some kind of muscle strain. It gradually got worse and no amount of pain-killers seemed to do any good. It turned out I was having a severe angina attack which would return a few weeks later as a full blown heart attack.

Grav and I were both heavy smokers at the time, and I lit up a fag and lay on my bed trying to find a comfortable position, blowing smoke into the air. The cigarette did nothing to ease my discomfort. In fact it seemed to make it worse. Stubbing it out, I threw a pillow and a few blankets onto the floor, hoping a firm base might help. It did not, and I lay there tossing and turning.

A couple of hours later the bedroom door burst open and in staggered Grav.

'Frankie where are you?' he called staring at the empty bed.

'I'm down here on the floor, Ray,' I replied.

'What's happened? Are you ill? Do you want a drink? Fancy a ciggy?'

'No thanks mate,' I squeaked through gritted teeth. 'In fact I don't think I'll ever smoke again'.

'Crikey!' exclaimed Ray, 'Are you sure?'

'Absolutely,' says I.

Ray's eyes lit up. 'Can I have your fags then?'

I was helpless with laughter and doubled up in pain at the same time. Only Grav could do that.

The following day's show went well, apart from the attack of the killer seagulls. For some reason Ray seemed to have an irrational fear of birds – especially big ones. During a live broadcast from Cardiff Castle, Grav was interviewing the head gardener, when a magnificent peacock came up behind him and gave an ear-splitting cry. It must have seen Ray as a competitor, and as he turned to see what had made such a terrible screech, the bird went into full display mode with its beautiful tail feathers fanned out into a most impressive sight. Ray almost fainted before the gardener explained, 'Ray, this is one of our prized feathered residents, the dominant Peacock. He's just warning you off, stay calm.'

'A peacock!' exclaimed Ray. 'What fabulous colours, I've never seen anything like it. But what's that brown dull looking one with him?'

'Ah, that's the female,' replied the groundsman. 'It's a Peahen.'

Grav was in raptures... 'Peacock, Peahen, I love it.' Then seeing a dozen much smaller birds following on, 'Ah look, they've got their babies with them'.

'No, Ray,' said the gardener, 'Those are pigeons.'

Priceless!

While having dinner at a very nice restaurant in Cricieth, Ray spotted a very distinguished looking man at the next table, in the company of three other well-dressed diners. Without a word to me, Grav got up and tapping the chap on the shoulder, said 'Excuse me, but are you an actor?'

The stranger, obviously unsettled at this intrusion said, 'An actor? Certainly not!'

'Are you sure?' persisted Ray.

'Absolutely,' came the reply.

'A conductor then' continued our boy. 'The Halle, or the Royal Philharmonic perhaps.'

The poor man was getting het up by now. 'Look! I have nothing to do with the theatre or music. You are very mistaken, now please can I get on with my meal?'

'Sorry' says Ray, 'So what are you then?'

'Well if you must know, I am a consultant Psychiatrist.'

'Ah,' says Grav triumphantly, 'I knew you were in show business.'

We finished the meal in silence, apart from Ray shouting 'Cockadoodle dooo' as we left.

Roy Noble

Cwrddis i â Grav gynta ym myd y cyfrynge. Ro'n i 'di weld e'n chwarae rygbi i Lanelli, y Sgarlets, a hefyd i Gymru dros y blynydde, ond yn y cyfrynge y cwrddes i â fe gynta, a dethon ni'n ffrindie mawr i weud y gwir, yn gyfeillion cynnes. Ond, ro'n i'n union yn galler gweld nad o'dd... dim hunan hyder 'da fe, a bod rhyw ansicrwydd ynddo fe o hyd ac o hyd. O'dd e'n dod i mewn yn y bore, er enghraifft, i ddarlledu, a'r peth cynta o'dd e wastad yn holi o'dd, 'Shwt ma'n llais i? Shwt ma'n llais i? Ydy'n llais i'n olreit? Ti'n credu bydden nhw'n gallu g'ryndo ar 'yn llais i heddi?'

Fi'n cofio mynd mas i ddarlledu 'da fe yn Nulyn, ro'dd 'da ni raglen i'w chyflwyno ac rodden ni'n aros yno dros nos. Odden ni 'di bod mas, ti'n gwbod... ar y 'sherbert' y noson cynt ac athon ni yn ôl wedi 'ny i'r gwesty yn hwyr. Am hanner awr wedi tri yn y bore, 'ma'r ffôn yn fy stafell wely i'n canu, a 'ma fi'n pigo fe lan a dweud,

'Y, helô?'

'Roy? Grav sy 'ma'

'Be ti moyn?'

'Gwed 'tha i Roy, gwed 'tha i, be ti'n meddwl amdana i, really?'

Am hanner awr wedi tri yn y bore!

Y bore wedyn, athon ni lawr i dalu. Ro'dd popeth wedi ca'l ei dalu ond y galwade ffôn. O'n i wedi ffono 'ngwraig, wrth gwrs ac ro'n i wedi ffono'n fam, do'dd hi ddim yn dda. Punts o'dd 'da nhw yn Iwerddon bryd hynny nage Ewros, so, o'dd 'da fi wyth Punt i'w dalu. Ma Grav yn dod lan ata i a holi, 'Alli di dalu drosta i?' medde fe. 'Sna'm Punts 'da fi o gwbwl. Tala di a fe dala i di'n ôl wsnos nesa.' Ro'dd e wedi defnyddo gwerth 160 o Punts yn ystod y nos, wedi bod yn ffono pawb yng Nghymru ac yn Iwerddon fydde'n fodlon siarad 'da fe, i roi tipyn bach o hyder iddo fe, gan ei fod e'n teimlo'n isel. Ti'n gweld, roedd e'n mynd lawr i'r dyffrynnoedd, cyn codi lan i'r ucheldiroedd wedyn. Roedd e'n gymaint o gymeriad.

O'dd e'n fachan bydde'n cymryd ti fel ro't ti, dy gryfderau di a dy wendidau di. Dwi'n cofio unwaith, fi nawr yn daer am ddilyn rygbi, bues i'n chware rygbi i Frynaman er nad o'n i'n chwaraewr da ac ro'dd Brynaman yn wael hefyd ar y pryd. Ro'dd y pentre'n lle dansierus i fod pan oedd y tîm yn brin o chwaraewyr. Unwaith ces i'n bigo lan i fynd ar y bws pan o'n nhw'n whare bant, a fi'n chware ar un asgell a drifwr y bws yn chware ar yr asgell arall mewn brogues. Do'dd dim sgidie 'da fe! Ta beth, fi'n cofio unwaith es i mewn i'r ystafell fawr 'ma, 'da Grav, yng Nghaerdydd ac roedd chwaraewyr rhyngwladol o bobman yna – rhai o Dde Affrica, o Seland Newydd, o Awstralia, Ffrainc a'r Alban. Ro'dd pawb yna. O'dd e'n siarad yng nghanol y stafell gyda Bill Beaumont, a medde fe 'Roy!' medde fe'n gweld fi'n dod, 'Royo dere 'ma, dere 'ma!' Aetho i draw, a medde Grav, 'nawr te Roy, this is Bill Beaumont, Captain of England, Captain of The Barbarians and also, Captain of The Lions. Bill, meet Roy, Brynaman Seconds!' Ond, o'n i'n cael fy nghyfri'n un ohonyn nhw gan Grav ti'n gweld, achos bo fi wedi bod yn whare'r gêm.

Wedyn, yn y rhaglen 'na mas yn Nulyn, y diwrnod wedi iddo fe 'yn ffonio i yng nghanol nos, am ryw reswm ro'dd y cynhyrchydd wedi trefnu yn bod ni fel cyflwynwyr y rhaglen yn rhannu'r gwestai, ac yn eu holi am yn ail. Dwedodd e, chi sydd â'r gwestai hyn Roy a Grav fydd 'da'r gwestai nesa.

Fy nhro i oedd holi, a phwy gerddodd i mewn ond Mary O'Hara, The Singing Nun fel roedd hi'n cael ei galw, a 'ma hi'n dod i mewn. Wel, ro'dd Grav wedi disgyn mewn cariad â hon cyn bod hi'n eistedd i lawr. Nawr, fi o'dd fod ofyn y cwestiynau i gyd, ond o'dd e'n daer moyn gofyn cwestiynau iddi, t'wel. So'n sydyn iawn, heb i fi wbod dim, fe deimles i fe'n dodi ei law o dan y ford, a dechrau 'ngwasgu fi mewn lle sensitif iawn... ac ro'n i'n ffaelu dweud gair... a fe gwplodd lan yn holi rhyw chwech neu saith o gwestiynau iddi hi ar ei ben ei hunan!

Dwi'n cofio darlledu 'da fe lan ym Mhwllheli, yn y camp hefyd. Ro'dd problem 'da ni, roedden ni'n rhannu stafell ac ro'dd tapiau dŵr y bath yn hala rhyw hanner awr neu dri chwarter awr hyd yn oed i'w lanw, a do'dd dim cawod 'da ni, felly ro'n ni'n gorfod defnyddio'r bath. Medde Ray, "Sna'm amser 'da ni , bydd rhaid i ni fynd mewn i'r bath 'da'n gilydd!' a dyna buodd yn rhaid i ni neud, y ddau ohonon ni yn y bath yr un pryd. Wedodd e wrth 'y mab i ymhen blynyddoedd ar ôl 'ny, 'Grynda, fi 'di cal bath 'da dy dad, a wi'n dweud wrtha ti nawr, do's dim 'da dy dad i fod yn embaras amdano!'

Ro'dd e ar ei ben ei hunan. Ro'dd 'da fe bersonoliaeth fydde'n llenwi hanger i awyrennau! Fe gethon ni wahoddiad, fi a 'ngwraig lawr i'r tŷ yn Mynydd y Garreg ato fe a Mari ac fe geson ni gystadleuaeth, sef blasu wisgi yn ddall, heb wbod pa wisgi ro'n i'n ei yfed. O'dd ei fam wedi rhoi casgen iddo fe ac ro'dd y gasgen wedi cael ei rhannu yn y canol. Wrth agor y gasgen ro'dd poteli wisgi bob ochor i'r gasgen. Y prawf o'dd penderfynu a o'dd y wisgi'n dod o'r Alban, neu Iwerddon, neu falle Bourbon o America. Wedi penderfynu ar y wlad, yna rhaid o'dd gweud pa ardal o'r wlad, er enghraifft, yn yr Alban ydy e'n dod o ynys, o Islay, neu ydy en dod o Spey Valley neu rywbeth fel 'na, neu o ba ardal yn Iwerddon, Gogledd Iwerddon neu o'r De? Erbyn y diwedd, y cwestiwn mawr o'dd penderfynu pa stafell ro'n i ynddi. O na, ro'dd e ar i ben i hunan, ac ro'dd bod gydag e'n fraint!

Carolyn Hitt

The flame-haired centre from Mynydd y Garreg burned with passion for his country and channelled patriotic fervour into every performance. A shoulder injury that took him out for the entire 1977 Five Nations kept his cap count to 23. But a post-rugby career that encompassed acting and broadcasting ensured his folk hero status kept growing. By the time of his sadly premature death, following complications from diabetes in 2007, he was a national treasure. No-one donned the red jersey with a greater sense of what it is to be Welsh than Grav.

Like so many, I frequently experienced the joy of a Grav pep talk. When first asked to write about rugby, even though I loved the game I worried that I wasn't qualified to hold an opinion. But each time I bumped into Grav our motivational routine was the same. I would get a hug, he'd tell me how much he had enjoyed that week's piece and if someone happened to be passing at the same time he would

grab them and tell them why they should read my column too. It was such a lovely confidence boost.

I watched him show that same generosity of spirit as he gave a speech before Wales's World Cup game against Australia. The room was filled with corporate movers and shakers but there was also a family who had won competition tickets to the match. And Grav ensured their youngest member – a 13-year-old Sgarlets fan – was treated like the star guest. Throughout his talk he kept throwing lines in the boy's direction, addressing him by name as the youngster beamed with pride.

He was such a magical communicator. Who can forget those tactile touchline interviews, those last minute pats on players' backs as they ran out of the tunnel and those hilarious turns of phrase as Gavin Henson was told he was 'cool for cats' or Scottish coach Matt Williams was greeted with 'Here he is – Robert Redford!' His irrepressible broadcasting style was an antidote to the cynical side of professional sport.

Grav was a tonic in human form. He always made you feel better – whether it was with a generous compliment, an enthusiastic chat or just a huge bear hug. It now seems especially poignant that Wales got the chance to tell Grav just how much he was loved. Completely without ego, he never seemed to realise just how special he was. He was always too busy telling other people why they should feel good about themselves.

I still can't believe Grav has gone. All that energy and humour, passion and patriotism, his tenderness and courage, his sheer zest for life. How can all that just cease so cruelly? The toughest centre with the softest heart, a doting dad and affectionate friend, he was unique.

All of Wales feels his loss but, of course, our grief cannot compare with that of Mari and his daughters Manon and Gwenan. I'll never forget talking to Grav about his girls while on the Lions tour of Australia. His eyes filled with tears as he explained how much he was missing them. He was the ultimate family man.

Sulwyn Thomas

Bydde Radio Cymru yn darlledu yn genedlaethol a lleol yr un pryd ar un cyfnod. Jonesy yn genedlaethol a Raymond Gravell yn diddanu cynulleidfaoedd Abertawe a chymoedd y gorllewin. Wel un diwrnod, ro'dd e nôl ym Mynydd y Garreg yng nghartref fy nghyfaill, Mansel Thomas ar gyfer bore coffi Macmillan.

Y bore hwnnw ro'dd Gravell ar ei ben ei hunan. I fi, oedd wedi arfer â pheiriannau mawr cymhleth a chynorthwyydd sain wrth fy ochr, ro'dd meddwl amdano fe'n gorfod ymdopi felly heb unrhyw un wrth law yn destun rhyfeddod. Gofidio oedd Mansel a gofynnodd i fi fynd draw. Ar y daith o Gaerfyrddin i dŷ Mans dim ond Jonesey oedd i'w glywed ar radio'r car a hynny wrth i fi gyrraedd y tŷ. Yn eironig, doedd pobol Mynydd y Garreg ddim yn mynd i glywed eu harwr y bore hwnnw!

Ta beth, dyma gyfarfod Gravell yn straffaglu yn y cyntedd wrth ffôn y tŷ. Y dasg cyn darlledu yn 'fyw' oedd cysylltu â Chaerdydd. Digon syml medde chi. Roedd ganddo focs yn ei law a meic a'r cyfan oedd ei angen oedd defnyddio'r lein ffôn i gysylltu â'r stiwdio. Ond fe drodd mas yn bantomeim. Ffoniodd Keith 'bach' Davies, ei gynhyrchydd, ddwsinau o weithiau a'r munudau tyngedfennol yn prinhau cyn darlledu.

Roedd hi'n amlwg nad oedd Gravell yn ddyn technegol! Ond rywsut llwyddwyd i wasgu'r botymau iawn. Y rhyfeddod nesa oedd clywed Gravell wrthi fel pe na bai dim wedi'i boeni funudau ynghynt. Darlledwr cwbl naturiol a phawb yn barod i'w helpu.

Doedd arferion darlledu ddim yn ei boeni chwaith fel torri ar draws darllediad 'byw' – gweithred gwbl anghyfrifol ac anfaddeuol yn yr hen ddyddiau. Mae 'na stori amdano yn rhuthro mewn i stiwdio yng Nghaerdydd tra oedd Owen Money yn holi rhyw westai er mwyn recordio rhyw eitem. Ro'dd y llinell glo yn anfarwol, 'Sorry, Owen, right studio, wrong day'.

Dim ond Grav alle wneud rhywbeth fel'na heb gael ramdam. Dim ond Grav oedd yn cael trosglwyddo'r awenau i frenin darlledwyr Radio Wales, Vincent Kane, gyda'r geiriau 'Now over to you, Vincey baby'. Anfarwol.

Mae digon o enghreifftiau amdano yn poeni am ei berfformiadau. Byddai'n gofyn byth a beunydd a oedd yn dderbyniol neu beidio. Roedd yr un peth yn wir pan oedd yn chwarae dros Lanelli, Cymru a'r Llewod. Yn y diwedd ro'dd yn rhaid i'r hyfforddwyr ddweud yn blwmp ac yn blaen wrtho, 'Os na fyddi di'n chware'n iawn, ddwedwn ni wrtho ti paid ti â phoeni, felly cer o ma.' O fewn munudau bydde fe nôl yn gofyn yr un cwestiyne. Allech chi ddim bod yn gas wrtho.

Er fe fu'n rhaid i fi droi arno unwaith. Roedd cyfaill i fi am ailagor garej a lawnsio car newydd yr un noson. Awgrymais y galle Grav wneud y gwaith. Roedd e newydd roi'r gore i'w yrfa fel chwaraewr rygbi ac am fentro yn y byd darlledu. Roedd y noson i ddechrau am saith o'r gloch, ond do'dd dim sôn am y gŵr gwadd. Hanner awr wedi, wyth, hanner wedi wyth, y dyn pwysig heb gyrraedd. Ymbiliwyd arna i i gyflawni'r gorchwylion gyda siars go bendant i beidio â sôn am Grav pe digwyddai gyrraedd yng nghanol y seremoni. A dyma'r union beth wnaeth e wrth gwrs ac fe'i hanwybyddwyd.

Ar y diwedd ro'dd yn rhaid dweud rhywbeth wrtho. Dyma fi'n pregethu na fyddai'n dderbyniol iddo gyrraedd bellach i ddigwyddiadau yn hwyr a disgwyl croeso fel roedd yn gyfarwydd ag e mewn clybie rygbi. Roedd bellach yn ddyn proffesiynol a'r pwyslais bellach ar fod yn ddisgybledig er mwyn enw da y BBC ac ati. Petai hyn yn digwydd eto, fydde fe ddim yn cael ei gyflogi gan ddarlledwyr. Dyna daro deg yn syth. Y peth diwetha roedd Grav am ei weld oedd drws clo unrhyw stiwdio: ro'dd wrth ei fodd o flaen meic. Teg dweud iddo gyrraedd ei gyhoeddiade yn brydlon wedi hynny.

Ie, ro'dd darlledu yn golygu gymaint iddo. Daeth gorchymyn o Gaerdydd nad oedd neb i smocio yn stiwdios y BBC ar ôl rhyw ddyddiad penodedig. Pan ddywedais hynny wrth Grav, ro'dd yn gwbl anfodlon. Roedd yn rhaid iddo fe gael smôc i dawelu'r nerfau ac yn y blaen. Yr unig ateb meddwn i wrtho oedd na fyddai'n cael darlledu 'te.

Pan gyrhaeddodd y diwrnod tyngedfennol – ro'dd Grav yn cyhoeddi ei fod wedi rhoi'r gore i smoco! Roedd Grav yn enaid, yn ddarlledwr ac actiwr na wyddai'n iawn bod ganddo ddoniau amseru a'r gallu cyfriniol hwnnw i fachu cynulleidfaoedd. Roedd yn gwbl ymwybodol ei fod yn chwaraewr gwell na'r cyffredin. Roedd hefyd yn sylweddoli bod ei enwogrwydd fel chwaraewr wedi rhoi hyder iddo.

Ond, fel perfformiwr, byddai'n rhoi'r argraff ei fod fel plentyn diniwed. A dyna oedd cyfrinach ei apêl tu hwnt i'r meysydd chwarae.

Wna i byth anghofio'r noson pan oedd yn siaradwr gwadd yn ein clwb cinio ni yng Nghaerfyrddin. Roedd yn fwndel o nerfau ac yn rhoi'r argraff nad oedd wedi paratoi. Prin ugain munud fuodd e ar ei draed. Ddwedodd yr un gair am rygbi. Dim ond sôn am fanylion personol am ei deulu. Wedi iddo eistedd, gofynnwyd am gwestiynau. Nawr, gydag unrhyw un arall, go brin y byddai'r un gair wedi ei ddweud ar ôl araith mor fyr. Ond Grav oedd o'n blaenau, arwr a chawr. Rwy'n credu i'r sesiwn gwestiynau bara am o leiaf awr, gymaint oedd y diddordeb ynddo. Wnes i ddim dweud dim ar y pryd, ond rwy'n siŵr bod y gwalch yn gwybod y byddai'r sesiwn holi yn sicr o ddilyn ac y byddai'n ddigon cyfforddus yn ateb unrhyw ymholiad.

Ymhell cyn iddo fynd yn dost es i draw i'w weld a gofyn iddo ddewis pedair cryno ddisg ar gyfer Radio Glangwili – gwasanaeth radio ysbyty Glangwili, Caerfyrddin. Fel un oedd yn meddwl y byd o'r meddygon a'r nyrsys yn yr ysbyty a'r triniaethau a gafodd drwy gydol ei yrfa fel chwaraewr, ro'dd yn fwy na pharod i sgwrsio a sôn am ei hoff gantorion. Fel y gallech ddisgwyl, Dafydd Iwan oedd un, Pavarotti yn un arall.

Roedd e gartref y diwrnod hwnnw yn disgwyl ar ôl y ddwy ferch, Manon a Gwenan. Addolai'r ddwy. Nawr ac yn y man byddai'n eu siarsio i beidio â gwneud sŵn rhag tarfu ar y recordiad. Pantomeim hyfryd arall – yn enwedig ar ôl sylwi ar un o'r merched yn dynwared ei thad drwy siarad ar feic plastig yn perthyn i degan gerllaw. Roedd Grav yn dwli arnyn nhw ac yn medru uniaethu'n llwyr â'u diniweidrwydd.

Aneirin Karadog

Fy atgofion i o Grav, yn gynta i gyd, oedd tyfu lan gyda fe. Bydde ei bresenoldeb yn treiddio i'n cartref ni drwy'r tonfeddi. Drwy ei gyflwyniade fe ar ddechre geme rhyngwladol, wedyn holi chwaraewyr a hefyd yn sylwebu gyda Huw Eic. Ro'dd y ddau lais yn rhan o'n dodrefn diwylliannol, fel mae beirdd a cherddoriaeth, stwff fel caneuon Hogia'r Wyddfa yn tyfu i fod yn rhan o'n dodrefn diwylliannol. Roedd cyfraniadau Grav yn yr un modd.

Ces i fy magu ym Mhontardawe yn yr 80au a symud i Bontypridd yn 1990. O'n i'n cefnogi'r Sgarlets. Dad wedi'n troi ni yn erbyn y Jacks drwy ddweud, 'Elli di ddim cefnogi'r Jacks!' Erbyn cyrraedd Pontypridd byddwn i'n mynd lawr i Heol Sardis i weld y Sgarlets yn chware a hefyd byddwn i'n mynd i weld Pontypridd. Byddwn i'n cefnogi nhw fel ail dîm. Bydde'n rhaid i fi guddio fy nghrys Sgarlets o dan fy nghot, oddi wrth y bobl fydde'n fy adnabod i ym Mhontypridd, yntyfe. Felly ro'dd rhyw gysylltiad fel'na 'da fi, a thrwy hoff glwb Grav hefyd.

Wedyn, yn ffodus, ces i swydd gyda Tinopolis yn 2005 a symud i fyw i'r gorllewin ac ro'dd fy nghyflwyniad i i Tinopolis yn cyd-daro gyda chael fy nghyflwyno i Grav ei hunan. Y rheswm am hynny o'dd bod ei ffrind gore fe o ddyddie Ysgol Ramadeg y Bechgyn, Caerfyrddin, 'Pinky', sef Adrian Howells yn gynhyrchydd arnon ni ar *Wedi* 7 ac ar *Heno*. Bydde Grav yn dod i gael cinio gyda Adrian, yn y 'Savoy' yn Llanelli yn amal, ddim y cinio mwyaf iachus mae'n siŵr, rhyw selsig a tsips, neu ffish a tsips neu rywbeth fel 'na. Byddai Grav yn dod fel corwynt drwy adeilad Tinopolis a bydde fe'n bloeddio helô wrth bawb. Ro'dd e wedi clywed 'mod i wedi dechrau gweithio yno ac yn gwybod amdana i achos 'mod i newydd ennill Cadair Eisteddfod yr Urdd yn 2005 yr un flwyddyn ag y dechreues i yno. Ro'dd Grav yn hoff o bethe fel gweiddi, 'Karactacus!' 'Karactacus!' yn y llais cofiadwy 'na y bydde fe'n wneud wrth fy nghyfarch i – wedi bachu ar y Karadog Lladinaidd ro'dd e. A dyna fy nghyflwyniad cynta i Ron Jones, Pennaeth Tinopolis, drwy Grav wedyn, yn y swyddfa open plan, a Grav yn fy nghyflwyno fi i Ron. Ro'dd hi'n sefyllfa hynod o swreal mewn ffordd, wrth iddo gyfeirio ata i drwy ddweud, 'Ron, Ron, Y Bardd 'chan. Ti'm 'di cwrdd â'r Bardd 'to, wyt ti?' Ron yn ateb 'Paid â'i annog e, wi 'di clywed 'i fod e'n ddigon gwael fel ma fe!'

Wedyn, daeth Grav yn rhan o fywyd bob dydd yr ardal achos ro'dd e'n cyflwyno rhaglen ar y radio yn y gorllewin. Bydde Radio Cymru yn hollti o Bort Talbot ymlaen ac felly i ni, a oedd yn yn byw yn y gorllewin, Grav fydde 'da ni yn y bore. Ar ôl gwrando ar ei raglen, byddwn i'n cyrraedd y gwaith, a bydde'r rhaglen yn parhau mewn ffordd achos bydde Grav yn ffonio Adrian Howells, drwy'r bore. Bydde Adrian yn edrych ar ei ffôn a dwaed 'o uffach ma gwaith 'da fi neud 'ma!' a bydde'n cwyno wrthon ni, 'ma fe'n ffono fi 'to!' Bydde'n ffono fe ac yn trafod beto, trafod rygbi, trafod a oedda nhw'n mynd mas am gino, trafod pob math o bethe. Roedd cymeriad Grav yn ymdreiddio i bobman, ei nerfusrwydd, ei egni a'i anallu i aros yn llonydd yn hir mewn unrhyw le penodol.

Un bore ces i wahoddiad drwy Thomas Morse a Keith Davies (Keith Bach) oedd yn cynhyrchu rhaglen *Grav o'r Gorllewin* i ysgrifennu englyn, a do'n nhw ddim 'di gweud 'tho fe bo fi'n ymddangos ar y rhaglen. A dwi'n cofio nhw'n ffonio fi a dodi fi'n fyw ar yr awyr gyda Grav a sôn rywfaint am y ffaith 'mod i wedi symud i fyw i'r gorllewin ac i weithio yn Tinopolis a bod fi wedi ysgrifennu englyn iddo. Wedi i fi ddarllen yr englyn, ro'dd e mae'n debyg, yn ei ddagre. Ond, 'se rhywun yn darllen rhester siopa o'i hoff fwydydd iddo fe, bydde fe yn ei ddagre, on' bydde fe? Roedd e'n ddyn y tu hwnt o emosiynol.

Grav

Gweld y gorwel wna'r gwladgarwr, gweld cais
    A gweld coch yr heriwr,
   Gweld chwedl y genedl wna'r gŵr,
   Un o'r werin yw'r arwr.

O'dd e'n gwerthfawrogi pethau fel 'na, ac wedyn yn dweud ei fod yn mwynhau gwrando ar y band roeddwn i ynddo, Genod Droog ar y radio. Bydde fe'n joio ychydig bach o rap ac yn rhoi'r anogaeth yna i ni drwy ei frwdfrydedd rhyfedd a heintys. Mewn ffordd dwi'n ffodus iawn jyst o fod wedi cael cwrdd ag e. Dwi'n ymwybodol fod e'n nabod gymaint o bobol: teulu agos, ffrindie gore, chwaraewyr rygbi ac yntau wedi teithio gyda'r Llewod, hefyd wedi cydweithio mewn cynyrchiadau teledu, pobol wedi rhannu nifer o brofiadau dwys gyda fe hefyd. Ond rhywsut bydde fe'n cyffwrdd â phawb yn yr un ffordd dwi'n meddwl.

Roedd clywed wedyn bod ni wedi'i golli e... ces i alwad ffôn neu neges gan Adrian Howells y noson honno ar ôl clywed bod e wedi marw ac wrth gwrs ro'dd rhaglen arbennig yn cael ei threfnu ar gyfer *Wedi 7* y diwrnod wedyn i'w gofio fe. Ro'dd hwnna'n brofiad anodd iawn i gymaint ohonon ni yn y stiwdio. Ro'dd yr angladd wedyn yn rhywbeth rhyfeddol, welais i erioed y ffasiwn beth. Gweld Rhodri Morgan, y Prif Weinidog, Dafydd Iwan a Gwyneth Glyn yn talu teyrnged iddo mewn gwahanol ffyrdd. Ro'dd hi'n angladd gwladol, yn 'state funeral' ac ro'dd hi'n fraint cael bod yno'n bresennol ar y bore hwnnw o Dachwedd.

Mae nifer o atgofion cynnes 'da fi am Grav, a'r atgofion hynny wedi fy ysgogi fi i drio lledaenu ychydig o'i frwdfrydedd e, yn arbennig ei frwdfrydedd dros yr iaith. Gwnes brosiect yn ddiweddar gyda phlant Ysgol Bro Myrddin ac es â nhw i Barc y Sgarlets a'u holi, 'Ydych chi'n nabod y boi hwn, y gŵr hyn sydd â cherflun ohono fe tu fas i'r stadiwm?' Do'dd dim syniad 'da nhw cerflun o bwy oedd yno, sef Ray Gravell. Felly, ma'n dangos cyn gloied ma pethe yn gallu diflannu, mor fyr yw'r cof am rywun, hyd yn oed person mor rhyfeddol â Grav yn galler mynd yn angof. Ma hynny yn frawychus o beth mewn gwirionedd.

Un peth ddweda i yw bod 'da ni gymdogion hyfryd fan hyn ym Mhontyberem sef cwpwl o'r enw Tony ac Eirlys a bu Tony yn gweithio gyda Grav, rhyw ugain mlynedd yn ôl, fel peiriannydd. Roedd Grav yn ei alw fe'n 'cochyn' a Tony yn ŵr o Lanelli, ac yn brin iawn ei Gymraeg. Ond, drwy Grav, fe ddysgodd e Gymraeg achos bod Grav wedi pallu siarad Saesneg 'da fe. Felly mae'r esiampl yna i ni ei dilyn. Wi'n galler siarad Cymraeg 'da Tony nawr o ddydd i ddydd o achos bod Grav wedi mynnu siarad Cymraeg gydag e ac ma hynny'n rhyfeddol. Bu Grav yn esiampl ardderchog i ni a'i neges fawr yw y gallwn ni ledu'r iaith drwy fod yn hollol gadarn.

A'r peth ola 'na i ei ychwanegu yw iddi fod yn fraint enfawr i fi fod y teulu a Keith Bach wedi cysylltu â fi pan gyhoeddwyd bod penddelw yn cael ei greu o Grav gan John Meirion Morris o Lanuwchllyn. Mae e'n benddelw gwych, gyda llaw. Roedden nhw eisiau llinell i'w hychwanegu at y penddelw ac roedden nhw wedi dewis llinell ola'r englyn y darllenais i iddo ar y radio, 'Un o'r werin yw'r arwr'. Yn amlwg roedden nhw'n teimlo bod y llinell yn taro tant ac felly mae wedi ei chynnwys ar y penddelw a welir yn y cyntedd yn y BBC. Roedd e yn un o'r werin, yn doedd? Ac mae Manon, ei ferch, yn arddel y llinell ar ei chyfrif Trydar hefyd ac felly, ystyriaf i fi gael braint arbennig. Fel bardd beth mwy allwch chi ei ddymuno, na chael pobol yn gwerthfawrogi'ch geiriau yn y fath fodd?

Hefyd o'r Lolfa:

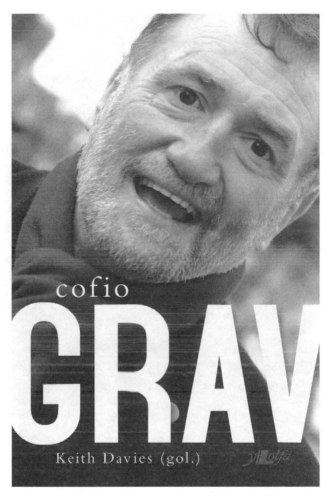

£5

POBOL
DAFYDD
IWAN

£9.99

Delme

Hunangofiant Delme Thomas

gydag Alun Gibbard

£9.95

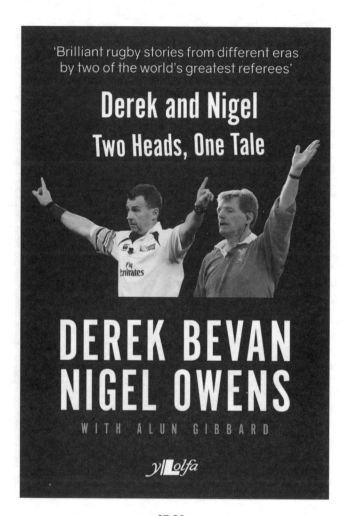

'Brilliant rugby stories from different eras by two of the world's greatest referees'

Derek and Nigel
Two Heads, One Tale

DEREK BEVAN
NIGEL OWENS

WITH ALUN GIBBARD

yl Lolfa

£7.99

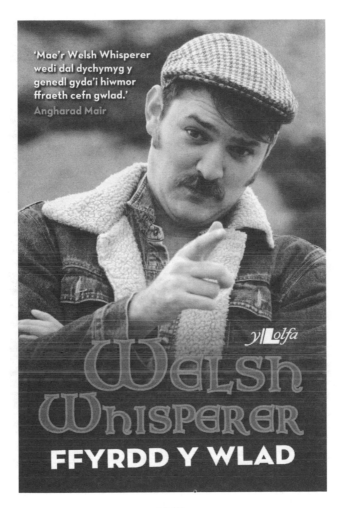

'Mae'r Welsh Whisperer wedi dal dychymyg y genedl gyda'i hiwmor ffraeth cefn gwlad.'
Angharad Mair

yl Lolfa

Welsh Whisperer

FFYRDD Y WLAD

£4.99

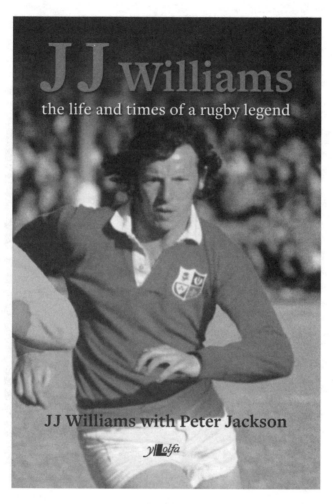

JJ Williams
the life and times of a rugby legend

JJ Williams with Peter Jackson

yl Lolfa

£14.99

Foreword by
Ray Gravell

GRAND SLAM
Behind the Scenes of the Classic Film
Editor **John Hefin**

y Lolfa

£8.95

Am restr gyflawn o lyfrau'r Lolfa, mynnwch
gopi am ddim o'n catalog
neu hwyliwch i mewn i'n gwefan

www.ylolfa.com

lle gallwch archebu llyfrau ar-lein.

TALYBONT CEREDIGION CYMRU SY24 5HE
ebost ylolfa@ylolfa.com
gwefan www.ylolfa.com
ffôn 01970 832 304
ffacs 832 782